Treasures for Scholars Worldwide

广西优秀传统文化
出版工程

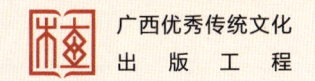

石刻里的广西

文化教育卷

蓝武 李湛驭 著

广西师范大学出版社
·桂林·

石刻里的广西 文化教育卷
SHIKE LI DE GUANGXI WENHUA JIAOYU JUAN

图书在版编目（CIP）数据

石刻里的广西. 文化教育卷 / 蓝武，李湛驭著. -- 桂林：广西师范大学出版社，2024.12. -- ISBN 978-7-5598-7711-6

Ⅰ. G127.67-49

中国国家版本馆 CIP 数据核字第 202458MR75 号

广西师范大学出版社出版发行

（广西桂林市五里店路 9 号　邮政编码：541004）
　网址：http://www.bbtpress.com

出版人：黄轩庄

全国新华书店经销

广西广大印务有限责任公司印刷

（桂林市临桂区秧塘工业园西城大道北侧广西师范大学出版社
　集团有限公司创意产业园内　邮政编码：541199）

开本：880 mm × 1 230 mm　1/32

印张：4.5　　字数：93 千

2024 年 12 月第 1 版　　2024 年 12 月第 1 次印刷

定价：36.00 元

如发现印装质量问题，影响阅读，请与出版社发行部门联系调换。

总　序

◆

　　广西地处中国南部，区位优越，东邻广东、西通云贵、南接越南，在中国与东南亚的政治、经济、文化交往中一直占有重要地位。广西这片土地不仅山川秀美、历史悠久，更因多民族的交往交流交融，绘就了璀璨的文化图景。

　　石刻作为一种独特的文化载体，承载着广西千百年来的历史记忆、文化传承与艺术精髓。广西石灰岩资源丰富，分布广泛，石质坚硬，便于雕镂。在尚未有文字记载的时代，广西先民就已学会在崇左花山等山岩崖壁上描绘日常生活场景，表达思想感情与艺术想象。广西现存最早的石刻，应是南朝刘宋时期的石质买地券，但刻碑风尚至少可上溯至东汉时期，东汉末建安二十一年（216）曾任零陵郡观阳长（观阳即今桂林市灌阳县）的熊君墓碑，虽立于今湖南永州市道县境内，但说明当时刻碑风气已在零陵郡一带广泛流行。

　　石刻在广西地区的广泛分布，不仅展现了中华文明在边疆地区扩散传播的轨迹，也是多民族交往交流交融的重要见证，为铸牢中华民族共同体意识发挥了不可替代的作用。广西历史石刻分布地域广泛、数量繁多,堪称通代文献渊海。自唐宋以来,广西刻石之风气经久不衰,至今留存了极为丰富的石刻文献,广西也因此成为中国石刻较为集中、特点鲜明的地区,素有"唐碑看西安,宋刻看桂林"的说法。广西石刻文献内容价值主要有珍稀性、系统性与普适性三个特点,石刻类型至少包括摩崖、碑碣、墓志、塔铭、买地券、画像题字、造像记、器物附刻等,石刻文体至少包括碑、墓志、颂、赞、铭、纪游、诗、词、文、赋等。晚清金石学家叶昌炽曾赞叹"唐宋士大夫度岭南来,题名赋诗,摩崖殆遍",其中最有代表性的石刻,如桂林龙隐岩的《元祐党籍碑》、柳州柳侯祠内的《荔子碑》,以及桂林王城独秀峰读书岩上的王正功《鹿鸣宴劝驾诗》等。

近些年来,广西壮族自治区党委宣传部启动广西优秀传统文化出版工程。委托广西师范大学出版社策划并组织专家撰写这套《石刻里的广西》丛书,是目前国内为数不多的广西石刻丛书。本套丛书选题特色鲜明,通过挖掘广西丰富的石刻文献资源,讲好石刻里的广西历史故事,积极推动广西地区中华优秀传统文化的创造性转化、创新性发展。

本套《石刻里的广西》丛书共有十卷,包括《石刻通论卷》《历史名人卷》《山水人文卷》《民族融合卷》《文化教育卷》《水陆交通卷》《经济商贸卷》《科学技术卷》《摩崖造像卷》《书法艺术卷》。每一卷选取一些具有代表性的广西石刻,采取雅俗共赏、图文并茂的方式,用通俗的语言介绍石刻基本情况、解读石刻内容,讲述石刻背后的历史人物故事,揭示石刻背后的政治经济关系、山水景观塑造与文化交流网络等。

同时,我们也希望通过这套《石刻里的广西》丛书,引导更多人关注与保护广西石刻,让广西这些珍贵的文化遗产得以永续传承,并实现转化利用。

是为序。

江田祥

前　言

◆

　　作为四大文明古国中唯一延续至今的中华文明，在漫长的历史进程中，历经风霜雨雪，仍能血脉不断，生生不息。作为中华文明代代相传的重要载体与实现路径，文化教育在历代传承与发展中持续培根铸魂，点亮星空，昭示未来，推动中华文化历经风霜而不灭，往往在历史至暗之时，迸发出无穷的精神力量，引领中华民族克服重重艰难险阻，走向胜利。因此，在中华文明形成与发展的历史进程中，文化教育可谓厥功至伟。

　　广西地处偏远，远离中原，历史上不少时段，其文化教育都相对滞后。恰是在这样的地方，却遗留了大量有关教育文化内容的史料，其中各类石刻具有相当的代表性。有关文教发展的石刻中，办学教育的内容最为丰富。儒家文化的种子，无论在风雨飘摇之时，还是在兵燹战乱之后的承平繁盛之际，抑或是在捉襟见肘之间，总能契合人们的需求与向往，一经落地，就能生根发芽，迎风生长。文化的认同与传承，使中华民族这个多元一体的群体，如长江、黄河之发育，涓涓细流不弃其小，洪波巨浪不改其疾，最终汇聚成雄壮巨澜，蕴涵着磅礴力量，以其强大的凝聚力，一心向东,迸发出不可阻挡的前进动力和创造活力。

笔者在访碑问石、观览拓片之时,有关文化教育的内容常常引人注目,令人沉思。其中包含的历史信息和文化密码,是座富矿,很有开采之必要。这些珠玉对现代教育的借鉴参考、发展继承都有十分重要的意义。笔者以此为着眼点,悉心搜集广西各地石刻材料,结合从正史到方志,从学术期刊到专著文集等各类文献,选择其中较有代表性的碑刻文图29件,进行重点解读。

经统计,这些石刻材料,以时序计,唐1通,宋3通,元3通,明6通,清16通。以立碑者计,官府立碑26通,民间勒石3通。这些材料,是许多人心血的结晶。他们搜罗、拓印、校释、汇集、出版,已经走过了相当的路程。本书的写作是在众人的肩膀之上,意图向上提踵所做的一次尝试,对现有材料原文采取"拿来主义"的态度,不再重新考释,失阙者亦保存原貌。面对这29通来自不同年代的碑文,笔者根据其包含的历史文化信息,采取了不同的解读方式,以文化教育有关内容作为重点,发掘其中有可读性、借鉴性、独特性的内容,以通俗易懂的形式呈现给读者。其内容大略如下:

一是评价碑文作者。这些碑文,有的作者是高官大员,如巡抚提督;有的是著名学者,曾经金榜题名的进士举人;有的人入了史籍,在历史上已经是有名人物,这些人的事迹容易查找,也有较多可以参考的资料。但也有很多碑文作者是地方名人,或是当地官吏,或是儒生雅士,有些并不见于正史,只在地方志书中偶有记载。笔者只能根据碑文正文或落款,以及其中提到的人与事，去梳理线索，查找资料，力争还原碑文作者的生平，了解历史背景，理清与碑记有关的事件。根据记载的历史内容，查证正史的重要脉络、重大事件，追溯作者的经历，研读作者的著作，考察作者的思想情感，对照碑文，作出恰当的评价。重点是对一些正史中记载较少的作者，作深入的介绍。对那些有传奇经历的作者，引用了诸如正史、地方志、笔记资料、专著文章中的相关材料，力争做到全面而丰富。其中的文官硕儒，写出功力深厚的文章，理所当然。而一些带兵武将，在戎马倥偬之中，或世道动荡之秋，也能够审时度势，作文倡学，出资建校，更体现了中国儒家文化的巨大影响。以文化人，能够成为普遍共识，也是有赖上下同心、官绅官民一致，众人拾柴，久久为功，方能够成其大业。其中一些历史人物，经历复杂，功过参半，后人对其总体的评价并不一致。笔者只能就事论事，有一说一，不以偏概全，也不一味赞美。或者采取述而不论的方式，让读者自行评判。

二是介绍碑刻内容。这29篇碑刻中，最多的是关于建设文庙学宫的，有20篇，占本书的三分之二。也有些如学约、谕示、学田建设、碑亭等内容的，相对较少。其中篇幅最长的一篇是《秀林书院学约》，全文超过三千字。由于其内容丰富，条款众多，涉及面广泛，因此笔者只针对其中一些内容做重点解读。在介绍碑文内容时，不做全文的翻译性介绍，而是对其中一些与教育文化或历史有关的内容做深入的挖掘，做背景的介绍，做相关内容的拓展性叙述。对不同的碑文，解读的侧重点也各不相同，力求避开为人所熟知的内容，在一些细小的、鲜为人知的地方，发现新的内容，找到被忽视的亮点，为读者提供一些阅读的新鲜感和陌生感。

三是钩沉碑刻背景。这些碑文，有的是历史上著名文人在广西留下的宝贵遗迹，如范成大《桂林鹿鸣燕诗并跋》。有的是某一作者的高光绝唱，如《新建届远书院记》。有的是办事不成引发一段笔墨官司的见证，如《太平府建思齐书院谕碑》。笔者着重书写的是这些与碑文有关的人或事，他们在历史上的某时某刻，经历了什么，发生了些什么。那些不见于碑文的记载，而在其他资料中出现的内容，可能与碑文没有什么关联，也可能与碑文有高度关联，有的相辅相成，有的相反相成，对照参看，有的令人洞幽烛微，有的叫人难以捉摸，有时令你掩卷沉思，也有时让你哑然失笑。有的碑刻所载的事件的发生，乃是顺势而为，适得其所，因而能够发扬光大，起到很好的作用。而有些可能生不逢时，事与愿违，适得其反，并未取得所期望的结果。但历史的复杂性往往就在这里，播下的种子可能并未在希望的时候发芽，因而有失之东隅而收之桑榆之说。

四是领会碑文意涵。主要是对围绕书院文庙所作的碑记类文章，如《阜成书院记》《桂平县建造学宫记》《新建三峰书院记》等。读这类碑记，有如吟诵传世妙文，令人愉悦。但笔者仍然着眼于与文化教育，尤其是与儒家思想相关的内容，进行深入的解释，找到其与当时社会思想潮流、传统文化的流布、政治经济发展有关联的部分，加以引申发挥，对文章蕴含的思想价值、文化意义进行发掘阐示，合理评价。正如"一千个读者心中有一千个哈姆雷特",这些只是笔者个人的见解,没有以此论为准的意思。限于笔者的历史知识及理论素养,对原文的理解可能流于浅陋简单,甚至产生错误偏颇,这是要请读者朋友注意的。有鉴于此,特在书中附有原碑刻或拓片图片,相信读者参照阅读后,能作出正确的评价。

五是拓展碑记内容。这类文章主要是针对一些碑文所说内容的补充,如《建乡学碑记》《记建同风书院》《宜山县儒学科贡题名记》等。对不同历史时期与教育、科举、选拔、任用有关的一些内容,碑文偶有涉及,但语焉不详,或因时过境迁,多数内容已经成为过去式,因此对现在的读者而言难免有些陌生。笔者以碑文相关的内容为指引,做适度的扩展,增加一些相关的知识点,着眼点仍然是常识水平的内容,尽力避免在其中罗列太多太过专业的东西,以免引起非专业读者的排斥。但史籍浩如烟海,对这类知识的介绍难免挂一漏万,有所疏漏,也期待读者朋友和方家的高见卓识。

碑刻作为一种留存久远的实物资料,其包含的内容复杂,技术含量高,信息量巨大。无论是在文字、书法、雕刻还是规制、技艺、流变方面,都须有精深的专业知识,才能作出正确的释读,要有一双慧眼才能辨其真伪,而对其艺术方面的价值,更需专家才能识其堂奥。但在本书中,笔者只是从一个很小的切口进入,冀图作出一点管中窥豹的努力,为传统文化研究提供一种探索视角,以期发现一点有益于当今教育的参照物。

宏图伟业始足于小,星星之火可以燎原。放眼古今八桂大地,无论早是通都大邑的桂林、南宁,还是曾经偏僻的凭祥、桂平,风化的石碑上,沉淀了往昔的心血,漫漶的文字间,凝结着前人的智慧。这些记载着兴学兴教、化风化俗的文字图像,记录了历史的足印,回响着文明的金声。也许它曾经湮没于荒草,也许它曾经沉沦于寂寞。这些文化精神的火焰,纵曾一灯如豆、气息幽微,但终将光明重现、发扬光大,烛照越来越多的后来者的精神世界。中华民族发展至今,仍然秉承开放包容,与时俱进,依然保有守正抱朴,不改初心,这些优秀文化理念是中华文化的火炬,代代传递,才使得中国的道路越走越宽广,越走越自信。

对于时间深处的历史文化,爬梳搜求是一功,普及推广亦是一功。有鉴于此,这部解读之书使用了略有差异的文体文字,迈开了两只脚,希冀走出顾右盼、边说边唱的路。同时由于写作仓促,错漏之处在所难免,敬祈方家指正,读者鉴焉。

目　录

为桂林文教事业奠基的独特路径　　　　　　　　　　1
　　——唐郑叔齐撰《独秀山新开石室记》
官员与乡绅良性互动引领下广西文教事业的发展　　　5
　　——宋张仲宇撰《桂林盛事》
儒学在广西乡绅群体中的传播与认同　　　　　　　　10
　　——宋范成大撰《桂林鹿鸣燕诗并跋》
边地文教活动的逐渐规范　　　　　　　　　　　　　15
　　——宋邓寀撰《南宁府学记》
官方儒学的宗教化　　　　　　　　　　　　　　　　19
　　——元黎载撰《孔子造像记》
乱世中民间儒学的传承　　　　　　　　　　　　　　23
　　——元《平乐郡学记》
大厦将倾时士人们的嗟叹　　　　　　　　　　　　　27
　　——元常挺撰《平乐郡学记》
政策缺失下广西文教的重建　　　　　　　　　　　　31
　　——明胡智撰《重修南宁郡儒学记》
人才辈出却仕途难入　　　　　　　　　　　　　　　36
　　——明胡呈章撰《宜山县儒学科贡题名记》

有文在斯	40
——明蒋冕撰《灌阳县迁学记》	
广西官员对王阳明其人其学的追忆	45
——明陈希美撰《左江道修复王文成公敷文书院碑》	
陋室亦显风俗淳	49
——明黄华撰《建乡学碑记》	
边地文教设施的逐渐完备	53
——明《重修浔州府学碑记》	
凋敝后的艰难复兴	56
——清孙以敬撰《桂平县建造学宫记》	
"苍梧僻壤"中的文教乐土	60
——清高联壁撰《重建恭城县文庙碑记》	
一方大吏的悠然文心	65
——清陈元龙撰《阜成书院记》	
清代广西文风之盛在桂林	69
——清《三元及第》《状元及第》《榜眼及第》	
清代岭南文人对宋代理学思想的共鸣	75
——清李仲良撰《武城书院碑记二》	
此碑不朽，此文亦不朽	79
——清许道基撰《新建三峰书院记》	
追思往圣，继其教化	82
——清王锦撰《柳江书院碑记》	

清代广西书院在官民共同扶持下的发展　　　　　　　86
　　——清宋思仁撰《书院义田碑记》

清代地方官员对书院事业的积极支持　　　　　　　　91
　　——清朱椿撰《秀峰宣成两书院碑记》

"两粤宗师"的恬淡心性　　　　　　　　　　　　　　96
　　——清郑小谷撰《新建德胜书院记》

读书心法的传承　　　　　　　　　　　　　　　　　100
　　——清王涤心撰《秀林书院学约》

清末传统儒学在风雨飘摇中存续　　　　　　　　　　104
　　——清马孚式撰《重修永安州儒学副署碑记》

战火边陲亦有文风　　　　　　　　　　　　　　　　108
　　——清徐延旭撰《新建届远书院记》

经济凋敝下广西文教建设的逐渐停滞　　　　　　　　112
　　——清《太平府建思齐书院谕碑》

宣教亭：清代面向民众的道德教化场所　　　　　　　117
　　——清《宣教亭记》

战争间隙边将对文教民生的关注　　　　　　　　　　122
　　——清《记建同风书院》

为桂林文教事业奠基的独特路径
——唐郑叔齐撰《独秀山新开石室记》

《独秀山新开石室记》摩崖石刻，存于桂林独秀峰读书岩，刊于唐建中元年（780）。监察御史里行郑叔齐撰文。

古人在很早时就注意到桂林独秀峰的独特风貌，在南朝时颜延年就写下了"未若独秀者，峨峨郭邑间"的诗句。作为始安太守的颜延年，常常在独秀峰下的读书岩读书。可以说，桂林的山水风景与文化教育产生联系，是从颜延年开始的。但是由于南朝时期时局动荡，且广西地处边陲，文教不兴，也鲜有知识分子来此交游，独秀峰长期以来处于"人无知"的状态，桂林的文教事业也难以得到真正的发展。南朝之后很长一段时间，包括独秀峰在内的桂林山水所包含的文化内涵多与宗教相关联，如栖霞洞等景观。直到唐代大历、建中年间，随着《独秀山新开石室记》的出现，以及其文所记宣尼庙的建设，桂林山水才重新开始被文人赋予了儒家文化的内涵。

此石刻中记有大历年间"御史中丞陇西公"，即李昌巙修建宣尼庙于独秀山下之事。宣尼庙为官方修建用于奉祀孔子的庙宇。同时文中还提到了"设东西庠以居胄子",说明此时桂林已经设立学校、教授生徒,这应当是有关桂林文化教育事业的较早的记载。李昌巙,陇西人,于大历八年至十四年(773—779)任桂州刺史兼桂管防御观察使,有御史中丞衔,故文中称"御史中丞陇西公"。李昌巙到桂林任职后,率军平定了少数民族起义,稳定了广西地区的安全局势,同时又关心文教、推行德治,除了修建宣尼庙,还重修了虞山下的虞帝庙,并重用流寓当地的文人,促进了广西地区的文化教育事业发展。

大历为唐代宗李豫的年号,此时正处于安史之乱平定、唐朝转向衰落的时间段,而此时桂林地区儒学的兴起,表明了在这个历史转折时期唐代广西地区文化环境及当地士人、官员心态的转变。首先,虽然安史之乱对唐王朝造成了严重的打击,然而广西地区由于远离纷争中心,战争造成的破坏相对较小,经济和人口没有受到重大损失,这使得此时的桂林有着推广文教的社会经济条件,社会上也有着愿意学习儒家文化的"胄子"们。其次,安史之乱使得中原地区大量士人为逃离战乱而南迁,为广西地区的教育发展做了人文环境上的准备。

大历之后桂林的文教发展,也由于新的社会和文化环境而出现了与唐前期不同的情况。从宏观层面上讲,在安史之乱后唐代士人的内心世界开始由盛唐时的宏大气象转向纤细和内敛,这种趋势从大历十才子的出现就可以看出来。唐代文人的关注点开始转向了山水风景,这就给桂林文化教育的发展带来了新的契机。桂林由于山水奇绝,一直以来都为人所称道,但此前文人们仅仅是将山水作为风景来观赏，而将山水与文化思想进行联系的行为则多偏向于宗教，尤其是佛、道教，将桂林作为神佛的所在，通过奇绝的山水所蕴含的神秘感反映出超自然的存在。然而在以大历诗风为代表的文化氛围的转变下，知识分子继承和发展了陶渊明借助山水田园，以诗歌表现志向和心境的写作方式，开始将山水与诗歌和儒家思想等进行联系。同时，广西作为唐王朝的边境地区，统治者将之视为化外之地，常常将官吏贬谪到广西，这类士人由于心中郁闷，往往借物、借事以言志，如修建孔庙，教授生徒，以排解郁结，这就让桂林当地的山水等意象进一步具有了多元的文化内涵。

《独秀山新开石室记》是桂林山水与文教事业结合的具体呈现，对于桂林地区的文化教育发展有着独特的意义。记文对于李昌巙建庙教学、振兴文教之举只寥寥数笔，全文主要的笔墨集中在对石室的开发过程的记叙和对景色的议论中，这些文字将新开石室和独秀山的"胜概"与李昌巙的开辟之功结合起来，声称没有李昌巙的建设，颜延年的文教遗风和独秀山的胜迹都将要被埋没。虽然这种说法不乏对李昌巙的赞颂奉承之意，但从中确可窥知在桂林地区文教事业发展的早期，首先是文人的文化娱乐活动与桂林地区的山水景色相结合，之后才引入了传统儒学教育。从颜延年在此处"读书以自娱"，到李昌巙设立宣尼庙，正式为桂林引入官方教育，虽然时间间隔久远，但其精神内核是一脉相承的。由于唐代社会多方面的变革，文人墨客的关注点转向了自然山水，而将其精神寄托于这些景观。桂林由于其得天独厚的自然

《独秀山新开石室记》

条件，被这些来到当地的官员所关注并寄付情思。他们个人的文化活动逐渐升级为官方文教活动，在客观上促进了桂林地区的文化教育事业的发展，让广西这个长期被视为蛮荒而文化事业不受统治者重视的地区，走出了一条独特的文化教育事业发展道路。

官员与乡绅良性互动引领下广西文教事业的发展
——宋张仲宇撰《桂林盛事》

《桂林盛事》碑刻，原位于桂林中隐山上洞，现存于桂林市桂海碑林博物馆，刻于宋绍兴二十九年（1159）。临桂人张仲宇撰文。

碑文记载了南宋时期桂林社会、经济及文化教育的发展情况，展现了一幅在政府正向引导下，社会环境变迁和经济发展所带来的文化教育发展的广阔画卷。碑文开头即介绍了桂林的宏观社会环境和历史——独特的地理优势，山川险固，不受战火的侵扰，地方人民淳朴，又多有祥瑞之相。宋高宗即位前受封为"静江军节度使"，故而将桂林视作自己的龙兴之地，在其即位后，于绍兴三年（1133）将桂州升为静江府，此即文中"今上皇帝建封兹地"所言之事。但宋王朝对于桂林的开发和建设则在更早的时候就开始了。崇宁年间，即北宋徽宗统治时期，"尚书王公祖道来帅是邦"。王祖道，福建闽县人，北宋治平三年（1066）进士，官至刑部尚书、端明殿学士等。王祖道于崇宁年间到桂林任职，广泛招纳士人进学，以文化教育来推动桂林地区的教化；又采信堪舆家的说法，上奏请求改造桂林地区的河流，对桂林的文化教育和城市建设做出了贡献。随后朝廷也批准了王祖道对桂林城的改造，并以政令的形式对桂林的风水进行保护。古人认为，地灵则人杰，王祖道对桂林风水的改造使得桂林城灵气聚集，才有了桂林的人才济济以及之后皇帝对桂林的重视。张仲宇对于前事的记叙，正是要追溯桂林文风彬彬的前因，以此来引出当下桂林文坛的盛事。

桂林升为静江府后，更加受到了统治者的重视，来到桂林任职的官员开始自发地为桂林的社会经济和文化教育的发展做出贡献。要发展桂林的文教，经济的发展是基础，只有纾解民困，士子才能有志于学。路彬，生卒年不详，南宋山西晋阳人，时任广西提点刑狱，即文中所谓"宪使"；另一人为黄公，其生卒、生平不详，应当曾任职桂林地方官，二人先后上书请求减少静江府的"上供布钱"及"军装布钱"，以减轻民众的负担。宋承唐制，将天下正赋分为"上供""留州"和"送使"三个部分，"上供"为地方向朝廷上缴的贡赋，"布钱"则指以"采办布料"为名目向民众收取的税款，"军装布钱"为专门用于置办军服的部分。路彬奏请减免除"军装布钱"以外的"布钱"，之后黄公又请减免"军装布钱"，此后桂林地区民众上缴的两项布钱均被定为"一缗"，即一贯铜钱，民众向朝廷的缴纳相比以前减轻了一些。赋税上的优免带来了静江府经济上的发展，经济的发展使得更多的士人能够积极学习功课，投身文教事业，于是桂林的科举迅速发展起来。

宋代是广西文化教育发展的第一个高峰。由于宋代有着优待士大夫的传统，同时社会经济发展迅速，地主阶级的物质条件相对较好，这使得更多的地主人家能够负担子孙学习文化知识的开支。同时，由于唐末五代时期战争和农民起义对唐代贵族豪姓的打击和破坏，入宋以后门阀凋零，宋王朝为了获得官僚人才资源而大开科举之门，宋代科举人数激增，并且科举成为主要的为官渠道，这就更加刺激了地主阶级的进学热情，地处偏远的广西地区也不例外，这一点从宋代广西相较唐代激增的进士人数就可窥其一斑。

但碑文中所言，"距今应举之士，十倍前日，乡贡旧额，八人而已"、"取士不及下郡之半"，也反映出了影响广西文教发展前途的一大矛盾，即科举名额过少。"乡贡旧额"所指"乡贡"即解试合格而向朝廷进贡的学子，"乡贡旧额"也就是静江府每次科举举人的名额。朝廷规定举人名额的做法从北宋时期开始实行，真宗大中祥符二年（1009），由于取士太滥但政治资源有限，有官员提出了"定额取解"的办法，即限制各地解试举人的人数，随后这一制度得到施行。宋代广西涌现出了大量优秀的学子，更有宜山人冯京连中三元，成为宋代仅有的三元及第的三人之一。在这种士皆向学的社会风气下，较少的科举中额势必会影响学子们进取的积极性。在这种情况下，知昌化军事黄齐向朝廷进言请求增加静江府举人名额并获得批准，自然就成为桂林地区学子的一大盛事了。

碑文通过对以往桂林文教发展的追忆，介绍了宋代桂林科举

●《桂林盛事》（广西壮族自治区博物馆藏品）

兴盛的社会经济和文化环境背景，又通过对黄齐的歌颂和赞扬，表现了科举制度下举人名额的增长对当地文风和士人进学热情的鼓舞作用。在宋代广泛尊重士大夫和崇扬文教的大背景之下，这样的"盛事"，是广西地区文化教育发展的一个缩影，其背后的本质是在社会稳定、经济发展的前提下广西地方地主阶级数量的增加。从碑文末"乡老"一段可以看出，为黄齐歌功颂德的主要群体是桂林地区的乡贤地主，这些人也是举人名额增加的直接受益者。可以说，"乡老"是中国宋代以后文化教育发展的直接带动者、传播者和受益者，正是由于广西地主阶级人数增多、地区社会阶层结构情况向中原发达地区的趋近，才带来了广西科举与文教发展程度向中原发达地区的趋近。

儒学在广西乡绅群体中的传播与认同
——宋范成大撰《桂林鹿鸣燕诗并跋》

《桂林鹿鸣燕诗并跋》摩崖石刻,存于桂林伏波山还珠洞,淳熙元年(1174)刊,原石刻被毁,1963年由桂林市文物管理委员会以旧拓本重刻,立于残碑下方。诗及跋由范成大撰写,石碑由范成大门生周、刘二人所造。

此篇石刻文及诗作者为范成大。范成大,字致能,号石湖居士,平江府吴县人,南宋名臣,著名文学家、诗人。乾道七年(1171)范成大以集英殿修撰出任静江府知府兼广西经略安抚使。来到桂林后,范成大整改盐利,发展广西经济,同时大力推行科举,振兴文教。在他的治理下,广西地区的文化教育取得了一定的发展,多有当地的学子学有所成,其中就包括文中所提到的门生周、刘二人。周、刘,其人已不可考,当为淳熙年间乡贡进士,范成大门生。乡贡进士并非真正的进士,当时将地方上参加科举考试的学子,经解试合格,被举入京参加进士考试者,称为"乡贡进士",类似明代之后的举人。虽然乡贡进士并非真正进士,但由于其受州县官员的提拔,且通过了解试,也有着较高的社会地位，在宋代尚属偏远地区的广西也是较为难得的。乡贡进士的出现也在很大程度上反映出了广西地区科举制度和铨选制度的逐步完善和规范化。而专为广西地区参加科举的学子在桂林举行"鹿鸣燕"（即"鹿鸣宴"），则进一步反映出了广西地区的地主阶级在社会文化观念层面上对科举取士的认同。

鹿鸣宴是存在于中国古代科举制度中的一种宴会，起源于唐代，一直延续到清朝。鹿鸣宴一般由当地的地方官主持举办，用于祝贺考中的贡生或举人，表示对士子的赞扬和爱护之意，名称取自《诗经·小雅·鹿鸣》篇，因而得名"鹿鸣宴"。鹿鸣宴在唐代时就伴随着科举教育的普及而出现，但多在教育、经济发达的地区举办，在诸如广西等较为偏远的地区则鲜有关于举办鹿鸣宴的记载，这部分取决于广西经济发展的程度，也与当地地主阶级对于文化教育活动的重视程度有关。

淳熙元年由范成大举办的这次鹿鸣宴，是否为广西地区的首次尚待考证，但举办宴会、作诗及跋并刻石留记，足以考见范成大对于科举的关心和对当地士人的笼络。相比于前朝及北宋时期广西地方官员对于科举和文化教育的倡导多限于政策推行和教育设施等的建设层面，范成大作为当地官员，他对于桂林及广西的文教的倡导，则面向了更大的群体，并采取了更具有文化色彩、浸染力更强的方式，即在思想文化和社会认同度层面来推广儒家文化教育。而他之所以能更进一步地发展广西的文教，与广西的科举在这一时期有了更大的发展是分不开的。鹿鸣宴的举办，并非是地方官的个人行为，而是从地方政府层面对当地科举士人的褒奖和鼓励，一般由当地政府出资，由地方长官为代表举行。这就需要政府各级官员都对科举有着足够的重视，且政府能够从边疆地区繁杂的军务政务中抽取经费来用于宴会开支。淳熙年处于南宋中期，此时南宋战事减少，边防支出略有减少，同时岭南地区侬智高起事造成的影响也逐步减少，这些现实条件给了当地文化教育重新发展的基本社会环境。同时，经济的恢复和社会的稳定也使得广西地区的乡绅地主阶层恢复了生机，重视读书学习并积极参加王朝举办的科举考试，这就使得官员宣扬文教的行为有了固定的受众群体。在这些客观条件下，范成大作为南宋著名文人，其对儒家文教的宣扬的强烈主观意愿才能有所发挥。正如其诗文所言，广西的前贤赵观文、王世则的状元坊尚在，广西的学子们应当远绍前人，在明年的科考中金榜题名，这表现出了范成大对于广西地区学子的深切期盼，也是其致力于推动广西科举教育发展的体现。

范成大提及的前贤赵观文、王世则皆为广西著名进士。赵观文为唐代桂林的进士，官至翰林院侍讲，由于其人正直不阿，得罪权臣而辞官归乡，受到后世的尊敬。王世则为桂林永福县人，宋太宗太平兴国八年（983）癸未科状元，中国历史上唯一的连科状元，宋太宗时期的著名谏臣，后因得罪皇帝而被贬。其人为政刚直，又善文笔，为广西士人所尊奉。范成大之所以在碑文中提到这两人，在于远述前朝广西的彬彬之盛，而以此来激励当时的士人发奋科举。这也在一定程度上反映了广西地区的文化教育在两宋之交时受到了一定的摧残，又在南宋中期再度发展起来。

《桂林鹿鸣燕诗并跋》（广西壮族自治区博物馆藏品）

广西的文化教育发展到南宋中期之后，不再单纯地由南迁的知识分子或来桂任职的官员推动。在当时的社会环境下开始形成了一定的知识分子群体，其社会上层对于科举的认同程度和自发的参与程度不断提高。在这一基础之上，诸如范成大等有识之士出任当地官员，并开始在思想认知和文化层面上推动科举在社会上层中的普及，使得从这一时间段开始，广西地区的科举走上了自发的发展道路，大量乡绅由于对科举取士的认同而积极主动地参与科举考试，这也成为宋代，尤其南宋到元代前广西进士数量大量增加的原因之一。

边地文教活动的逐渐规范
——宋邓容撰《南宁府学记》

《南宁府学记》碑刻，宋时立于南宁府学内。《（康熙）广西通志》记载："南宁府学在府治北，旧在城外沙市，再徙城中南隅，基址凡五易。宋迁城西，宝庆丙午安抚使谢守明迁于城中五花岭，即今学。淳祐戊申，督学使梁应龙重修。邓容有记。"原碑今已不存，仅碑文记载于广西地区方志中，以此传世。

文中有官名郡侯、郡守、安抚使及督学使。郡为春秋战国时创立的行政单位，其最高长官为"郡守"，西汉景帝时改称"太守"；至宋时，地方行政单位改为路、府、州、县，不设郡，然而"郡守""郡侯"一称由于其沿用已久，在宋时仍在使用，用于需要尊称、敬称之时，一般代指宋时的知府、知州。以迁府学于五花岭之事看，文中"郡侯谢公明"和《广西通志》中记载的"安抚使谢守明"当为一人。安抚使为路一级行政长官"经略安抚使"，掌一路军政事务，而安抚使和知府为一人，可见其当为安抚使兼任南宁知府，又见其主持迁南宁府学，可知宝庆时期南宁地区的军、政、学的管理总揽于一人，权职划分还相对不清晰。

这时候的府学建设失制,似乎也有着一定的政治因素,即此时的南宁地区政权构建尚不完善。而到了淳祐时期,重修府学的则是专门管理学政的"督学使",这一官职在南宁的出现并且接管府学的建设,反映出宋代南宁以至于广西地区文化教育发展的规范化趋势。

宋代是广西地方文化教育逐渐开始普及并且规范化的时代。碑文开头称"州之学基凡五易",可见南宁地区在宋宝庆之前,州学虽然存在,但却由于社会动荡等原因而不断迁徙,并且创建、迁徙的缘由都不见记载,这都在一定程度上说明了州学的不受重视。总的来说,广西地区在南宋之前,州学这一机构的设立是具有一定的随意性的,这也从侧面说明了在宋理宗之前,南宁地区的文化教育并不受到政府的重视。而州学旧在城外,后迁到城内,或许也反映出南宁地区社会环境的不稳定,这也是导致南宁地区文化教育不发达的客观因素之一。

由碑文可见,在南宋理宗时期,州学的建设仍然是较为仓促且不合规制的,直到淳祐时期梁应龙的重建,才变得规范化起来。这一过程反映出南宁地区文化教育发展的阶段性:社会的动荡和地处偏远导致了宋之前州学建设的混乱;理宗之前的迁建说明了地方政府有心对儒学进行建设,然而囿于政治环境和文化设施规制的缺失,地方文化教育仍然是不成熟的;到淳祐时期,重修州学并且刻石记录,说明了南宁儒学教育建设开始规范化,开始向中原地区的文化教育接近。

南宁的文化教育之所以兴于理宗时期,有着特定的社会和文化背景。从社会角度来说,南宋进入理宗时期后,虽然政治逐渐黑暗,且北方的战事逐渐频繁,但是南方尤其是广西地区的社会总体上还是较为稳定的,这为广西吸引来了商业贸易和人口。从《岭外代答》一书中的《财记门》《外国门》等章节中可以看到,南宋时期广西的贸易经济发达,这给当地社会的发展提供了优良的外部条件;同时社会的发展也必然吸引战乱地区的人口进入广西,新的人口的进入和本地人口的稳步增加,使得市场获得了较好的发展,这就为广西的文化教育发展提供了人口数量和社会经济基础。社会稳定,经济发展,同时越来越多的人有了读书治学的需要,这些共同构成了南宁地区文化教育得到规范化发展的宏观背景。

从文化角度来讲,理宗及其后的统治者对于理学的宣传,使广西文教的规范化成为了可能。理宗赵昀一直希望将理学作为正统官学,在他的推动下,理学思想开始成为儒学正统。理学即"义理之学",起源于北宋,在南宋、元、明、清各代都广泛流行,其作为一种"儒表佛里"的学说,由于宣扬世间万物都起源并规范于"理"而成为神权和王权的合法依据,受到统治者的追捧和扶持。由于理学追求"理",对于世间的人、事、物都有一套规范,一府之内必有府学方可称合制,这成为了南宁府学在理宗之后有了规范化建设的契机。从碑文中可以看到,南宁府学的此次翻新,其原因很大程度上就是原本的府学"前后左右,俱失其伦,规模体制,犹未尽善"。这种思想显然是受到了理学的影响,包括碑文对于新府学的赞颂中有着"契天道之自然"的说法,也可佐证这一点。

广西南宁地区文化教育在南宋中期开始的规范化，在广西地区教育发展史上是具有重要意义的。广西地区的文教，在北宋及之前多集中于桂林等接近汉地的区域，在其他较为偏远的地区则受限于地理位置、社会环境和汉人官员的思想偏见，往往发展缓慢并且具有很大的随意性。淳祐时期对南宁府学的规范化建设，在一定程度上拉近了广西偏远地区，尤其是少数民族地区与汉地的文化差距。南宁府学内"于学所宜有者，纤悉毕具"，这种硬件上的提升带来的是当地读书人接受教育的环境质量的提升。由政府行为所带动的南宁府文化教育水平的提升，在南宋后的千百年间，与当地的经济、政治的发展相融合并互相影响，成为广西地区文化教育发展史上的一个重要篇章。

官方儒学的宗教化
——元黎载撰《孔子造像记》

《孔子造像记》摩崖石刻，今存于靖江王城独秀峰读书岩壁，刻于至正五年（1345）。正文之上刻有孔子半身像。孔子像为丁方钟画，记为黎载撰写，匠人朱瑞刻石。

刻文中"畏兀氏塔海帖木儿""喜童"等人名无考，由后文"各侍亲官桂林宪帅司"看，应是当时广西各上层军政官员，由名字来看，这些官员应当由畏兀儿、蒙古和汉族组成。文中所记之事，当为至正年间元代上级官员的一次文教活动，广西各官员到"颜公书岩"观瞻学习，并刻孔子像、作造像记于读书岩，以示元政府尊文重教之意。

相比于前代，元代文教活动的活跃程度相对较低，综其原因，大致有二：一是受元代社会动荡之影响，二是元政府对儒学教育的关注度偏低。尤其是广西地区地处华南边陲，社会经济发展程度和文化普及程度较低，且蒙军入桂时遭遇广西各族民众的激烈抵抗，致使元代广西的军事化程度较高，政府长期将施政重心置于维稳、加强统治之上。不过，即使受到了一定程度的打击，广西的文教事业随着时间的推移仍得到一定程度的发展，尤其是在元代中后期，蒙古族统治者由于长期受到汉文化的影响，对于儒学和汉文化教育的态度也在逐渐转变。此方石刻就是这种转变的一个重要佐证，也是元代广西地区文化教育得到发展的主要标志，即广西民族地区开始接纳并自觉学习儒家文化，儒学业已进入少数民族文化圈，并得到地方政府的支持和传播。

这次文教活动中落成的孔子半身像石刻也具有这样的意义。孔子造像从汉代时就已经出现，其后随着儒学的发展而不断发展。南宋时期，石刻孔子像多存在于孔庙、祭祀场所以及石窟等地，官方宣传孔子还是以弘扬儒家思想、经典等为主，由官方主持刻石造像以为纪念的情况较为少见。而民间士人为孔子立像，多有"愿世世生生聪明多智"等祈愿式的目的，带有一定的类宗教内涵，这与政府层面宣扬文教的目的和方式有所区别。但是，随着理学的发展，儒学所带有的宗教色彩也越发明显，而元代官方推崇理学，进一步将这种宗教化和儒家思想、儒学教育结合起来，使得官方宣扬文教的行为和活动带有了一定程度的宗教因素。此时此地，这种宗教化的具体呈现，就表现为广西当地官员在展示自己服膺儒学的时候，选择为孔子造像这种行为。同时，"朝夕瞻敬"这一行为也进一步表现出此时官方儒学的宗教倾向，这种早晚尊奉的行为很容易让人联想到宗教中普遍存在的偶像崇拜现象，相比于宋明官员在表达自己遵奉儒学时常采用"修己""尚学"等行为，元代官员则在此处石刻上展现了一种将儒学宗教化，将孔子教主化，以供奉、瞻仰来表现尊崇的倾向。

儒学的宗教因素原本起源于民间下层知识分子,但在元代时,逐渐渗透到了上层政府官员的思想中。这种将孔子神格化、偶像化的做法,在唐宋时期就兴起于民间,孔子的造像也见于如大足石刻、妙高山等宗教意味浓厚的场所,但是对于这种将儒学宗教化的做法,官方以及中上层知识分子则较为抵触。至元代,这种宗教因素被引入官方儒学中,其原因主要是民间信仰的上移。这种意识形态上的变化,首先来自于儒学自身的发展和传播。理学在元代被立为正统,受到皇帝的推崇,加以思想控制的强化,这种情况下,儒家思想作为一种哲学思想走向庸俗化和宗教化是其必然结果。同时,这种庸俗化也反映出儒学开始在民间得到广泛传播,并由文化水平不高的民众在传播过程中自发地与佛教、道教等宗教进行结合,使之便于理解和传播,由此也使得儒学走向了宗教化。

儒家思想在民间的传播引起儒学的宗教化,而这种宗教化的儒学也逐渐向上渗透,使得蒙古族官员逐渐接受儒家思想文化,从而使得官方儒学也开始了宗教化的进程。官方儒学的变化则进一步显示出,儒家思想作为当时的统治思想,在很大程度上促进了民族的融合和汉文化教育在少数民族中的传播。元代蒙古族统治者普遍信仰宗教,如佛教、道教、伊斯兰教、基督教和萨满教等,同时作为征服者的元政府也对汉文化较为抵触。在这种情况下,带有宗教因素的儒学则相对易于为少数民族上层所接受。到元至正年间,在汉地的蒙古族已经基本接受了汉人的生活方式和思想文化,而各地政府内部也有大量的汉人官员,文化的交融变得愈发频繁，加之儒学自身的发展变化，为元政府尤其是各地的上层统治者接受儒家思想并自发地尊崇、传播儒学创造了有利条件。

元代广西石刻久历风霜，如今尚存者寥寥。本方石刻存于桂林王城独秀峰读书岩，相对良好的保存环境使得约700年后的今天，世人仍能借此一观元代广西不同民族，基于不可分割的地理环境与物质因素，以及随着时代不断发展的人文思想，跨过语言、民族和历史的鸿沟，共同被中华民族灿烂的传统文化所吸引，不断走向交往、交流和交融。在这一大环境之下，元代广西地区的文化教育也在挫折和阻碍中缓慢发展，在广西古代文化教育发展史中占有了独特的一席之地。

乱世中民间儒学的传承
——元《平乐郡学记》

《平乐郡学记》碑刻，至正二十四年（1364）刊刻，撰文者不详。今存平乐县。

元代前中期对于广西地区的统治基本以维持地方稳定、加强少数民族"因俗而治"为主，而边疆地区的文化教育，尤其是与教育相关的基础设施建设则基本处于荒废状态。由于连年战火，大量的学校设施被毁，这种情况一直持续到了元代的中后期。虽然由于官方的忽略，元代广西地区的官学荒废日久，但这并不代表着广西地区的民间文化教育完全处于停滞状态。相反，由于儒家思想和儒学教育顽强的生命力，广西地区的民间以及官府内部仍然保存着文化教育的火种，只要社会稳定下来并且得到地方实权官员的支持，当地的文化教育就会再次发展起来，碑文所记叙的正是元代广西文化教育的这一特质。

平乐县，古称昭州，元大德年间改称平乐并升为府，距离当时的广西省会桂林仅有"数舍"，"礼义之习，风化所被，前代科目得人，甲于诸郡"，是宋代广西文化教育发展程度较高的地区之一。元代共开科举16次，广西共有10人取得进士，其中平乐县有2人，而省会桂林在元代竟无一人取得进士，平乐县能有2人中式，在元代广西已经是较为优秀的科举成绩了。对比桂林和平乐两地，桂林虽教育设施相对完善却科举成绩寥寥。平乐府在元代能够取得一定的科举成绩，并非是由于教育设施的完备，而是当地的文化教育氛围和传统相对保存完好的原因。平乐地区虽然在元初饱经战火，但受益于宋代较好的教育和科举成绩，民间依然保留着崇文向学的优良文化传统，即碑文中所言"家余俗犹有存者"。碑文中提到拓跋元善重修府学时，有参与捐助的"某氏儒士"，说明在平乐地区在至正年间已经形成了至少一个崇尚科举教育的家族。这种科举家族的形成对于当地文化教育的发展和延续有着重要的意义。崇尚教育的地主阶级为了培养自己的后代，必然要延请讲师、修建学堂，这就间接地使得当地民间教育得到发展；同时这些家族由于有了科举成绩，部分成员进入统治阶层，当地的官员为求联络，也多以发展文教、弘扬儒学的方式与其展开互动，这就使得当地的文化教育有了更多发展的基础。一旦社会稳定且当地统治者有意发展官方教育，这些民间的教育资源就会迅速成为官学的一部分，使当地的官学迅速走上正轨。

文化传统的存续，除了使得平乐地区有着一定的科举成绩之外，还促使当地政府建立起更加完备的学官体系，这也是平乐地区在元中后期文化教育恢复的重要契机。按各朝代的制度规定，各地方政府都要设置相应的学官以管理教育与科举，然而实际操作时则根据当地的具体情况进行调整。唐宋以及元前中期，边疆及贫困地区由于地处偏远,科教不兴,当地的政府对于学官的设置较为松散,多有不设学官或以他官兼之的情况,这在一定程度上反映出边疆地区文化教育在制度上的缺失。然而从碑文中的记载来看,平乐府学官制度在至正年间已经较为完善。当时平乐府学官有博士、文学和直学等官职,其中博士为专掌一地经学传授的学官,文学为地方管理官学学校的官员;直学为宋时所设官职,元仍之,掌管官学的钱粮。博士、文学和直学等学官的存在,说明平乐地区的官学虽然"日益倾圮",但当地尚存有正常运转的教育机构,也从侧面说明了平乐地区的教育虽然长期被广西行省的官员所忽略,但是民间还保持着自发的学习风气和儒学教育,所以当地政府才有学官的设置。

  由于元代广西地区文化教育的总体落后以及元政府对于儒家文化的相对轻视,广西地区文化教育基础设施的建设主要由来到当地任职的官员的个人意志所决定。平乐地区相较于一些没有儒学教育传统的府县而言,当地的文化教育基础设施建设能迅速带来科举成绩上的提升,这也是刘怀远、拓跋元善等来此任职的官员乐于以修缮学宫来体现政绩的原因。拓跋元善作为少数民族统治者,由于家族重视文教的传统和个人的服膺儒学,其在任职平乐时对于文化教育的发展更加重视。按碑文记载,拓跋元善为西夏人后代,其家族"前世多显官",党项人相比蒙古统治者更早受到汉儒家文化的熏陶,这使得元善的家族极为重视对儒家文化的学习。受此影响,拓跋元善虽然出身少数民族,却比许多汉人官员更加热衷于弘扬文教、建设学校,这也从另一个角度体现了汉文化强大的影响力和感染力。

平乐作为广西地区文化教育相对发达的地区，在儒学不兴的元朝，儒学教育凭借当地民间自发崇尚文教的向学氛围而由官方以外的渠道保留并传承下来，又由于拓跋元善等开明官员的帮助而保持着一定的活力。虽然元朝统治期间广西地区的科举和教育都成就寥寥，但平乐对于文化的传承和氛围的塑造在一定程度上弥补了官方教育的缺失。明王朝在广西建立统治后，由于政府的扶持和重视，以平乐为代表的桂东北地区的教育得以迅速恢复并取得了新的成就。

大厦将倾时士人们的嗟叹
——元常挺撰《平乐郡学记》

《平乐郡学记》为元代平乐县人常挺所撰。常挺谓:"予旧居省幕府,相知为甚详,以其言信而有征,谨具颠末而刻诸石。"从中可知,常挺为当地名儒,且在官员幕下任事有年,与主政者熟悉,对重修府学一事知之甚详。然而常挺的个人生平,却查不到更多的资料可供参考。不过碑中所记之事,有准确的年代,碑记载入《平乐县志》,扩建府学之事当属不虚。

平乐建县较早,三国时吴国甘露元年(265),析荔浦县昭潭地置平乐县,县治在今平乐境内。唐武德四年(621),在平乐县地设置乐州,管辖4县,天宝元年(742)为平乐郡,后改为昭州。元大德五年(1301),昭州改为平乐府,府治平乐,领平乐、恭城、立山、龙平等县,管辖今梧州及桂林部分地域。

按照碑文所记,原有府学几近坍塌,"郡监"拓跋元善为之叹惋,并捐己俸,会同学官及当地儒士协力扩修,于至正二十四年(1364)冬完工,新修学宫焕然一新。郡监拓跋元善当时还有一个头衔是"义兵万户",职责是"劝农防御"。因为此时,波澜壮阔的元末农民大起义，已经在湖广地方蔓延。据《元史》载：

是月（至正二十三年三月），立广西行中书省，以廉访使也儿吉尼为平章政事。时南方郡县多陷没，惟也儿吉尼独保广西者十五年。

元朝末期，政治腐败，土地兼并剧烈，民族矛盾尖锐，中原地区灾疫严重，民众反抗情绪高涨，各地起义不断。其中，以韩山童、刘福通为领导的红巾起义和郭子兴、朱元璋率领的红巾起义，对推翻元朝统治，起了重要作用。至正十一年（1351），河南发生洪灾，四月，朝廷征用十五万民夫充为河工治水。当时在黄河南北流传民谣："石人一只眼，挑动黄河天下反。"此时韩山童等人正筹划起义，便凿独眼石人，在石人背面刻"莫道石人一只眼，此物一出天下反"，预埋于待挖河道。独眼石人被河工挖出，韩山童和刘福通借机聚集三千人密谋起义，因消息泄露，韩山童被捕杀，刘福通带领义军攻克颍州。起义军发展迅速，到九月已发展到十余万人。朝廷派兵三十余万镇压，但官军望风披靡，义军不断壮大。至正十五年（1355），刘福通迎韩林儿（韩山童之子）于安徽亳州，立为皇帝，建立"大宋龙凤政权"。

至正十二年（1352）二月，曾因贫困而出家当过和尚的濠州钟离（今安徽凤阳）人朱元璋，参加了郭子兴的红巾军。朱元璋作战勇敢，屡立战功，至正十五年升为总兵，这年三月，郭子兴病逝，朱元璋领其军。至正十六年（1356），朱元璋攻占集庆（今江苏南京），设立江南行中书省，初步建立江南政权。刘福通领导的红巾军北伐，一度攻占汴梁，逼近大都，但在官军围剿之下，加之内讧，终归失败。而朱元璋一军稳扎稳打，实行"高筑墙，广积粮，缓称王"的策略，最终灭亡元朝。

碑记所写拓跋元善在平乐府备战及重修府学这个时段，正是南方战事激烈之时。至正二十三年（1363）四月，朱元璋与陈友谅大战鄱阳湖，陈友谅战死。二十四年，朱元璋在应天称吴王。在拓跋元善修建府学之后第四年，即至正二十八年（1368），朱元璋部将赣州卫指挥使陆仲亨兵抵靖江（今桂林），不久后广西平定。至正二十八年八月，朱元璋手下大将徐达攻陷元大都，元朝对中原地区的统治结束。在碑文最后一段，有这样的文字：

恭惟我国家列圣相承，渐民以仁，摩民以义，孝弟忠信，礼义廉耻，太平且百年……国家仁厚之泽，于此可见，天理之在人心，有非强暴所可夺者。

这更像是对末世所唱的一曲挽歌，也是对社会现实的一种反讽。歌功颂德的文字，如果是实有其事，就是真颂，也应该歌颂。但如果说的并非事实，就是讽喻。同样的文字在不同的语境下，其背后的内涵，只有身处其时的人才最清楚。元朝在中国的历史更迭中，存在不足百年，作为一个曾经征服过欧亚大陆大部分土地的强大帝国，其兴也勃，其衰也速。

不管碑文上的文字如何，从实际情况来说，碑文的撰写者，无疑是当时平乐府首屈一指的文化人，是儒生中的佼佼者。但其在官府中的地位，仅为一个幕府的师爷之类，只能为人捉刀代笔，甚至没在当地的史志中留下更多的信息。

事实上，平乐府儒学之前一直破败，此次重修也是一次偶然之举，之后几年就改朝换代了。其在当地教育上发挥的作用，有元一朝，可能都是乏善可陈的。但无论如何，修建儒学这件事总归是一件功德善举，常挺作为当地乡贤，为家乡教育唱一曲赞歌，也并非言不由衷。

政策缺失下广西文教的重建
——明胡智撰《重修南宁郡儒学记》

《重修南宁郡儒学记》碑刻，存于广西南宁市，刻于正统十三年（1448）。卢灏等人立碑，胡智撰文。胡智，字宗愚，浙江会稽人，永乐年间进士，宣德时任广西等处提刑按察副使。胡智任职广西期间，广西与交趾因争地而连年战乱，"胡智定以公议，交人不敢复争，民赖以安。后升左布政使"。

自1368年明朝建立以来，元末战乱动荡的社会局势逐渐稳定，洪武九年（1376）设广西承宣布政使司，辖11府、3直隶州，明朝对广西的统治在法理上确定下来。然而广西地处西南边地，由于交趾的骚扰和各民族的矛盾冲突，其社会秩序的恢复相较中原地区滞后，明中央政府对于广西地区在事实上并未做到完全的控制。这使得政府在对广西进行管理时，常以维持社会稳定和军事存在为重心，以保证政府在当地的政治和军事存在为主，对广西地区尤其是桂西、桂中地区文化教育的关注，在明代前期是较少的。

弘扬教化，建设学校及完善与教育相关的基础设施，原本的直接责任部门应当是一省的提学。一般认为，明朝在正统元年（1436）设立提督学校官一职后，各省是没有专门的提学的设置的，而是由按察司副使、佥事或者布政司参议充任提学，各带原官衔、品级，奉敕谕视一地学事，且专司学事，不问刑名。从上述可见，提学一职虽然不直接铨选，而由他官兼任，然而由于其具有专管教育不问其他的职能，实际上是挂靠于其他职能部门下的一个专司教育的官职。不过在该碑刻中，并没有出现提学参与南宁儒学建设的记录，反而是本职在于提刑按察的胡智出于弘扬文教的目的而撰写碑文，主持郡学的修建和立碑文的官员也是南宁当地政府官员。虽然作为提刑按察副使的胡智应当在事实上循例有着提学的职责，然而从前文所述其处理广西与交趾边界事可以看出，其并非管理教育的专官，且其在碑刻上记载的头衔也无"提督学校"职，可见胡智仅仅是署理了提学职能，这也反映出了广西在正统时期并未有专门的学官存在。这一点从嘉靖及万历年间的《广西通志》中，并没有这段时间内兼职广西提学的官员的记载，也可以探知。由上可知，造成广西在明代前中期教育发展的缺失，除了客观社会环境的因素，也有制度和职能建置缺失的原因。当然，此时制度和学政相关官员设立的缺失，其根本原因仍与此时社会局势不稳定、经济得不到发展相关，学校基础设施缺失，加之政府工作的注意力尚不能转移到文化建设上来，自然就没有条件设立专门管理教育的官职。此时的广西没有提学这一职务，就使得各地的文化教育以及相关的基础设施建设的发展没有制度性的规定和考核，而多借由任职该地的地方官的个人意志得到发展。如碑文中所提到的在任职期间有"岂弟之化"的陈焘，以及碑文的作者胡智，都是在这一时间段内，自发地对当地的文化教育发展做出贡献的地方官代表。

从碑文中"今生徒得有依归"可以看出，南宁地区在正统年间修缮郡学之前，学生没有可住宿的地方，文化教育的发展程度较为低下。而在正统年间，南宁等地区的社会局势趋于稳定。如前文所述，交趾与广西地区的争斗被逐渐平息，同时"藤峡盗乱"未起，广西获得了一段平静发展的时期；这时又有胡智等乐于弘扬文教的官员来到广西任职，使得广西的文化教育，尤其是教育基础设施的建设得到了一定程度的发展。正统八年（1443），朝廷敕令对全国各地的文庙进行修缮，这成为南宁郡儒学修复的契机。

碑文"广之南宁郡儒学在府治东北之□□岭"，"岭"字前两字已难以辨识，根据文中此儒学在"府治东北"的记载，并追溯宋代邓容《南宁府学记》的记载，明代南宁郡儒学应当延续了宋代的旧址，仍在五花岭。此次对于儒学的修复，是在前朝儒学残垣的基础上进行的。主持修建儒学的是南宁府知府陈焘，陈焘由临桂县县令升任南宁府知府后，就致力于对南宁府儒学进行更新。儒学的建筑格局仍然基本按照文庙的传统格局，大成殿东西厢设戟门、棂星门，又立十哲像，东西厢内设群贤诸儒画像，这部分区域的主要作用为祭祀和礼仪；大成殿后方为教学区域，设置明伦堂和儒学生员舍房等。由此可见，正统年间的这一次修缮，基本恢复了南宁儒学的祭祀和教学功能，这成为南宁地区文化教育重新走上正轨的物质基础。

地区不安定因素的存在以及明代中央政府对于边远地区教育的不重视，的确在事实上造成了边疆地区文化教育发展的滞后。然而中国古代士大夫对于传播文教的追求，使得边疆地区的文化教育发展走上了与中原发达地区不一样的道路，即其教育的发展并非全部由中央的政策和制度来带动，而是部分地通过来到当地任职的官员的自发行为而得到发展。这意味着这些偏远地区可以以此来度过由于中央的不重视而带来的文教发展的空白期，当地的教育也由此能够不偏离儒学教育的正途，而继续保持与中原地区的文化统一，成为中华文化大家庭中一个独特的组成部分。

●《重修南宁郡儒学记》

人才辈出却仕途难入
——明胡呈章撰《宜山县儒学科贡题名记》

宋讷、吴颙等由儒士擢祭酒，讷尤推名师。历科进士多出太学，而戊辰任亨泰廷对第一，太祖召讷褒赏，撰题名记，立石监门。辛未许观亦如之。进士题名碑由此相继不绝。(《明史》，卷六十九，志第四十五《选举一·学校》)

按照上行下效的规矩，皇帝亲自示范，各地为进士题名立碑以褒扬其人和奖掖后学，应从洪武二十一年戊辰（1388）开始。宜山县为进士立碑题名，已是明朝正德八年（1513），距离朱元璋首倡此事已经过去了125年。看来题名勒碑传之后世，一是要有值得这样做的人与事，二是当政者的重视。

明朝开国皇帝朱元璋，虽是乞丐出身，没有多少文化，但他做了皇帝后，对教育还是很重视的。在北京的国子监，所立石碑中，就有明太祖训示太学生的一通敕谕：

恁学生每听着：先前那宋讷做祭酒呵，学规好生严肃，秀才每循规蹈矩，都肯向学，所以教出来的个个中用，朝廷好生得人。后来他善终了，以礼送他回乡安葬，沿路上着有司官祭他。近年着那老秀才每做祭酒呵，他每都怀着异心，不肯教诲，把宋讷的学规都改坏了，所以生徒全不务学，用着他呵，好生坏事。如今着那年纪小的秀才官人每来署着学事，他定的学规，恁每当依着行。敢有抗拒不服，撒泼皮，违犯学规的，若祭酒来奏着恁呵，都不饶！全家发向烟瘴地面去，或充军，或充吏，或做首领官。今后学规严紧，若有无籍之徒，敢有似前贴没头帖子，诽谤师长的，许诸人出首，或绑缚将来，赏大银两个。若先前贴了票子，有知道的，或出首，或绑缚将来呵，也一般赏他大银两个。将那犯人凌迟了，枭令在监前，全家抄没，人口迁发烟瘴地面。钦此！

这本来是发生在南京的事，后来永乐皇帝迁都北京，也仿照南京之制建太学，所以特在北京又刻了一个复本。明太祖的这篇训词，虽带着他的语气和乡音，但其内容和所订立的条款，其实比历朝皇帝的"崇儒重道"之类大而无当的话，都要真实得多，有力得多，也有效得多。

位于广西河池地区的宜山县，现为宜州区，是刘三姐的故乡，壮族民歌的发源地。在科举史上，这里曾出了一个载入史册的人物，那就是宋朝的冯京。他是和王安石、苏东坡同时代的人，官不如他们做得高，诗词文章没有他们名气大，但他在考场上创造的辉煌，是压倒宰相和学士的。

冯京，字当世，天禧五年（1021）出生在宜山县，十五岁随父母迁居藤州，后又落籍鄂州。他从小天资聪颖，好学上进。在庆历八年至九年（1048—1049）举行的解试、省试、殿试中，连中解元、省元、状元，一时名扬天下。当时的皇亲张尧佐（温成皇后之父）爱才心切，把他拉到家中，穿上新郎服装，摆出女儿嫁装，还说是皇上的意思，逼他成婚，他坚决不答应。后来他相继娶了当朝宰相富弼的两个女儿作夫人，成就了"两娶宰相女，三魁天下元"的千古佳话。

从碑文的记载可以看出，从明朝洪武癸酉科（1393）赵动中进士起，到正德年间宋尚时等中进士时，这一百多年间，宜山出了37个进士。从宣德年间到正德年间，出了44个岁贡。这些本地读书人中的佼佼者，时间一久，可能多数都被人遗忘了。但"慎终追远"，是"民德归厚"的有效途径。要出人才，就要有榜样，才能激发读书人的积极性。宜山县令金侯做这个事，说明他是一个有心人，的确是"大有功于名教"的。

一般来说，县境内这样的大事，由县令来撰文是理所应当的。但当地的举人要求胡呈章来撰写这篇碑文，肯定另有原因。按碑文所记，当时的宜山县令金侯，不是进士举人出身，其是"故秋官侍郎绅之子也，以荫拜令宜山"。请他写文章，似有些勉为其难。虽然其父亲大有来头，但本人学问与文章如何，旁人是明白的。而胡呈章虽然是暂时代理县儒学教谕这一职位，但毕竟是进士出身，经过层层考试选拔出来的，做文章是他的拿手好戏。他之所以一再推辞，一是要在县令面前做一个谦虚的姿态，二是与自己仅是代理职位工作的心态有关。

从洪武到正德，明朝已经过了一百多年。此时的进士，已不复当初的辉煌。苦读十几年甚至几十年，好不容易过五关斩六将考上了进士，进入了做官正途，才发现这路途已是人头攒动的独木桥，有空缺的位置太少了。胡呈章这个进士，是广东新会人，被派到"僻在中州万里之外"的宜山县，并且只是暂时代理县儒学的教谕一职，还不一定干得长久，可见当时职位的稀缺。

这块碑上还有一个书丹（书写）的人，名叫梁瑛。梁瑛这个籍贯南海县的县丞，是县令的副手。一般而言，明朝的县令是正七品官，县丞是正八品，主簿正九品，府一级儒学教授是从九品，州县的学正教谕已经是品外之官了。但这个梁瑛却是"迪功郎"，还是个有资历的人。明朝文职的散阶，以从九品"将士佐郎"，至正一品"特进光禄大夫"，共有九品四十二级。"迪功郎"属于正八品。梁瑛当县丞，职称与职位是相符合的，但以胡呈章这个进士来充当县儒学的临时教谕，不能不说有些屈才。

教育的发展，说到底还是由政治决定的。明朝到了中后期，专制主义中央集权制度空前强化，导致资源的占有严重畸形，普通百姓生计艰难，下层人士的进身之路已经严重堵塞，读书人的出路日渐渺茫。"世胄"把稍微高一点的位置都填满了，读书人只能像石头下的竹笋，畸形生长。从这碑上的隐约记载，可以解读出大明王朝当时的社会现实。

有文在斯
——明蒋冕撰《灌阳县迁学记》

《灌阳县迁学记》所记载的是灌阳县迁建学宫之事。在古代政府设施中的"学",既指学校,也指学宫,即今称"文庙"。文庙作为中国传统教育的标志,由单纯的用作祭祀的庙宇,演变成庙学一体的教育综合机构,见证着中国封建教育发展的历史。

按碑记的记录,灌阳县这次迁建的文庙,核心建筑是大成殿,殿后的东西庑,殿前的戟门、灵星门,是文庙的主体部分。庑殿之外的明伦堂、左右二斋、号房、谢圃、儒学门,是儒学的主体建筑。

文庙又称孔庙,是中国人为纪念古代大教育家孔子而兴建的庙宇。中国最早的孔庙是由孔子故居改建的。公元前479年,孔子去世,鲁哀公亲致悼词,并命主庙祭祀。据《史记》记载,孔子死后,他的故居堂屋,以及弟子们居住的内室,被改建用以纪念孔子,收藏孔子生前穿过的衣服、戴过的帽子,甚至使用过的琴、车子、书籍等。后来他的弟子年年来拜祭他,这里就成为祭祀孔子的家庙。

到了汉朝，汉高祖刘邦经过曲阜时，以太牢礼祭祀孔子，开创了帝王亲祭孔子的先河。汉景帝时，蜀郡太守文翁在成都建官学，置石室，刻孔子坐像，建成中国除曲阜之外的第二座孔子庙。从汉朝开始，封建统治者独尊儒术，孔子的思想逐渐成为正统思想，孔子的地位随之提高。封建帝王给孔子的封谥越来越显赫，祭祀孔子的规格不断提高，孔庙也在全国各地普及开来。

汉平帝元始元年（公元元年）追封孔子为宣尼公，诏褒成侯孔霸以其食邑祀孔子，开始了封谥和世爵奉祀先例。唐太宗李世民尊孔子为先圣，武则天天授元年（690）封孔子为隆道公，唐玄宗李隆基开元二十七年（739）追封孔子为文宣王，终于将他抬升到"王"的高度，其坐像位置也由原坐西向东，改为正位坐北面南。宋真宗赵恒大中祥符五年（1012）改封孔子为"至圣文宣王"。元大德年间加封孔子为"大成至圣文宣王"，孔子地位达到顶点。

孔子是万世师表，教育是他终身从事的职业，因此封建帝王规定学生对他进行奉祀。汉光武帝刘秀建太学，奉祀先圣先师孔子。汉明帝刘庄令郡、县、道、乡皆祀周公和孔子。唐太宗李世民于贞观四年（630），诏命州县学校皆作孔子庙，从此之后，各级官府所办的儒学，都和孔庙结合在一起，庙学合一，是官学的标配。作为庙，就有相应的规制。但文庙的规制也不是一成不变的，不同时代、不同地点、不同规模的文庙，其基本格局也有所不同。一般文庙的主要部分包括大成殿、东西庑、灵星门、泮池、大成门、启圣宫。嘉靖二年（1523）迁建的灌阳县文庙，则没有泮池和启圣宫。

大成殿是文庙的主建筑，比其他建筑更高大雄伟，庄严华丽，并且居于核心位置。孔子最高的封号是"大成至圣文宣王"，"大成"一语出自孟子所说"孔子之谓集大成者"这句话，祭祀孔子的主殿就叫大成殿。大成殿正位祀奉"大成至圣先师"孔丘神位，配享的有四配，十二哲。东配：复圣颜回，述圣子思。西配：宗圣曾参，亚圣孟轲。东哲：闵损，冉雍，端木赐（子贡），仲由（子路），卜商，有若。西哲：冉耕，宰予，冉求，言偃（子游），颛孙师，朱熹。东、西庑是文庙中供奉先儒、先贤的地方，以前供奉的只是牌位，后来有些地方就做了人物塑像。这些和孔子一起享受后人祭祀的，是各个朝代儒家思想的代表性人物，或者是做出突出贡献的贤人哲士，据史料记载，各个朝代供奉的人物也是不完全相同的。

泮池是文庙中的一个水塘，是地方官办学府体制中的重要组成部分，所以古代进学又称为"入泮"。这是一个外圆内直的半圆形水池，它是儒家圣地曲阜泮水的代指，也是儒家思想"孔泽流长"的象征。古泮池的遗址位于今天山东曲阜孔庙不远处，是一个矩形的水池。有的文庙泮池上建有跨过水面的状元桥，据说要当地出了状元，才能修这座桥，这座桥只有状元才有资格第一个走过。

孔庙建泮池，可以追溯到北宋时期。宋元时期，泮池还是矩形，明代是泮池普及和规范的时期。明中叶以后，地方官学孔庙在灵星门内外建泮池已成为规制，泮池形状为半圆或近似半圆，有些早期所建的其他形状的泮池也纷纷修改。泮池形为半圆，不

● 《灌阳县迁学记》（广西壮族自治区博物馆藏品）

盈不亏，象征中庸之道，是孔子哲学思想的体现，也是后人对孔子这一哲学思想的形象展示。此外，泮池还有一个实际功用，就是蓄水防火，古代大型建筑多是木质，防火也是确保安全的必要措施。

灵星门多为石质牌坊式建筑。灵星又称天田星，就是农神。汉高祖刘邦为祈求丰收，下令祭祀灵星。之后，凡祭天，就要先祭灵星。灵星门的设置，始于北宋仁宗天圣六年（1028），它开始并不是孔庙的一个部分。到了南宋理宗景定年间（1260—1264），灵星门才成为孔庙建筑的一部分，为的是把对"天"的尊崇用以尊崇孔子。而后人认为祈年之祭与孔庙无关，又见灵星门的形状类似窗棂，于是将"灵"改为"棂"，故现存很多文庙以"棂星门"为文庙的一个特定建筑。

灌阳县学的明伦堂，一般用作文庙建筑附近的教室，也是儒学的主要建筑之一。它和斋房、号房、射圃等，是学生住宿、生活、练习骑射的活动场地，一起形成了学校完整的基础设施。庙和学在一个院子里，有的是左庙右学或右庙左学，也有前庙后学，不同的建筑各有功用，但有时因条件所限，把庙堂直接作为学校的也不在少数。关键看当地经济条件，也和地方官对教育的重视程度有关。这种庙学合一的设置，是中国古代教育智慧的体现，也是以文化人的有效举措。文庙祭祀孔子有德育的功能，明伦堂传授知识有启智的作用，射圃骑射锻炼有增强体质的效果。德智体的全面培养，是百年树人的正确途径，这和孔子的教书育人理念十分契合。

广西官员对王阳明其人其学的追忆
——明陈希美撰《左江道修复王文成公敷文书院碑》

《左江道修复王文成公敷文书院碑》镌刻于明万历年间，是南宁市保留较为完整的明代碑刻之一，现存于南宁市人民公园镇宁炮台馆内。部分字迹漫漶剥落，但主要内容清晰完整。此碑对修复敷文书院过程做了详尽记载，对王阳明平定广西"思田之乱"做了高度评价。

王守仁（1472—1529），字伯安，号阳明，浙江余姚人，明代著名思想家、哲学家、军事家。谥"文成"，以其号"阳明"著称于世。其学问贯通儒、释、道，"阳明心学"为其创立、发展的儒家学说，提倡"知行合一""致良知"。阳明心学是明代中晚期的主流学说之一，后传播到海外，对日本等儒家文化圈地区都产生了较大影响。

明朝嘉靖年间，提督两广都御史姚镆在推行"改土归流"政策时，由于处理失当，引起思恩、田州少数民族的不满，当地土官卢苏、王受率兵相继攻占了田州、思恩府城。姚镆率领明官军镇压，不仅损兵折将，还进一步激怒了当地的土人，导致思田之乱越闹越大，到了已经无法收场的地步，姚镆只能请求朝廷支援。嘉靖六年（1527）六月，朝廷下达了让赋闲六年的王阳明出征思田的诏令。九月初八，王阳明离开绍兴，前往广西平叛。

在来广西之前，王阳明已经对思田的事情做过了解，并进行了详尽的分析。他在《赴任谢恩遂陈肤见疏》一折中，对思田的状况向朝廷做了禀报和分析。他指出思田之乱爆发的主要原因是地方官员贪功心切，处置不当；次要原因是当地土官生性好斗，蔑视朝廷的法令。为此，王阳明认为只有采取合理的手段，才能彻底安定地方，他向朝廷提出以抚代剿的平叛方案，并得到朝廷的准许。作为有多次征战经验的军事家，王阳明攻心为上，在战略上取得了主动之后，又运筹了恩威并施、分化瓦解的战术，很快平定了这场持续数年的战乱。

在出征之时，朝廷为了让王阳明竭尽全力出征，给了他许多的头衔：南京兵部尚书兼都察院左都御史，提督两广、江西、湖广四省军务，兼任两广巡抚，使他在地方上拥有了最高的职位和最大的权力。但他在平定叛乱的前后，思考最多的还是他的学术，反对朱学，传播心学，他在征途中也不忘讲学。等到战事一停，他就立即设立书院，集儒讲学，履行他作为巡抚的职责，尤其是以文化人，传播儒家思想，对偏远少数民族施以教化。他在思恩、田州建立学校，还在官办儒学之外设立书院，其中敷文书院就是他亲自创设的。他驻南宁的时间虽短，但仍亲自到敷文书院讲学，还指派他的学生到书院做山长，传播他的学说。王阳明巡抚广西为时虽短，但为广西的文化教育做出了很大的贡献。

按说，以王阳明的身份地位建立起来的敷文书院，有他的弟子亲自执掌，书院应该兴旺起来。但据碑文记载，重修书院时，距其建立不过五六十年，为何就"院地荒芜，庙貌不配"呢？或许朝廷的政治风云变幻，也会引起远在边地的广西的阴晴不定。

万历年间，首辅张居正执政，朝野之间思想对立尖锐。以书院为首的思想传播阵地与朝廷官学之间，发出不同的声音，造成思想的分裂，甚至影响到张居正推行的改革。万历三年（1575），张居正制定十八条措施整顿学风，专门规定了一条，就是不许别创书院，之后又发展为禁毁书院。在当时的政策之下，私自办学，必然伴随着妄议朝政的风险，是罪不容赦的。万历七年（1579），何心影被捕，后死于狱中，书院被禁之风，达于鼎盛。推测敷文书院被改成别署，当在这一时期。

陈希美修复敷文书院，时在万历十二年（1584）春，撰文立碑则在十三年（1585）三月。陈希美当时的官职是"钦差整饬左江兵备兼分巡道广西处提刑按察司佥事"，尽管拥有左江地区的管辖权，但官职并不算高。他能够提议并完成修复荒废的书院，至少可以看出以下几点：一、朝廷下令取缔书院已经过去近十年，尤其是何心影等书院领袖已经离世，政策的执行力度已经下降。二、事实证明一刀切取缔一切书院的政策在基层不得人心，提议、同意、参与修复书院的各级官员，他们其实是书院制度的拥护者。三、当地士子也积极支持书院的修复，这一举动在民间受到支持和欢迎。四、可能陈希美本人就曾经是书院制度的受益者，更会对书院的荒废有切肤之痛。五、从碑文可以看出，陈希美对王阳明的思想及其在广西的作为是深深拜服的。虽然从其职位来看，陈希美的本职工作是整军及司法管理，但作为一个深受儒家思想浸染的文进士出身官员，能自觉承担起一份文化责任，修复书院，召集南宁当地人士讲习研学，他的行为在事实上为南宁的文化教育做了贡献。

书院修复竣工不久，早已逝世的王阳明被朝廷下诏入孔庙从祀，宣布了其学说的合法性。作为有明一代四位有资格入孔庙从祀的人之一，王阳明在儒学体系中的地位最终还是得到官方的承认，他的心学为越来越多的人所接受。他在"修齐治平"的儒家传统思想上开出了新花，在中国传统文化之中占有了一席之地。而修复书院、传承文脉的陈希美等地方官员，也不应被后人忘记。

陋室亦显风俗淳
——明黄华撰《建乡学碑记》

《建乡学碑记》刊于明朝万历十八年(1590),距今已经四百多年。明朝开国之初,朝廷即要求在大建府、州、县等各级儒学时,也要举办基础性的学校,即社学,但这种学校只相当于近现代的扫盲班之类,讲的多是当朝律令,以及婚丧祭礼等实用知识,和正规的学校还有一段距离:

社学,自洪武八年,延师以教民间子弟,兼读《御制大诰》及本朝律令。正统时,许补儒学生员。弘治十七年,令各府、州、县建立社学,选择明师,民间幼童十五以下者送入读书,讲习冠、婚、丧、祭之礼。然其法久废,浸不举行。(《明史》志第四十五《选举一》)

这类学校,不属于官办的儒学,而更近于私塾或者义学一类。从碑记中也能看出,这所处于平南县士村的"村学",是嘉靖甲辰年(1544),由一位叫作冯其时的迪功郎出面建成的。士村是一个离县城五十里的乡村，大约人口不少，才有了建学校的需求。这时已是朱元璋大建学校之后差不多两百年了。

洪武二年，太祖初建国学，谕中书省臣曰："学校之教，至元其弊极矣。上下之间，波颓风靡，学校虽设，名存实亡。兵变以来，人习战争，惟知干戈，莫识俎豆。朕惟治国以教化为先，教化以学校为本。京师虽有太学，而天下学校未兴。宜令郡县皆立学校，延师儒，授生徒，讲论圣道，使人日渐月化，以复先王之旧。"于是大建学校，府设教授，州设学正，县设教谕，各一。俱设训导，府四，州三，县二。生员之数，府学四十人，州、县以次减十。师生月廪食米，人六斗，有司给以鱼肉。学官月俸有差。生员专治一经，以礼、乐、射、御、书、数设科分教，务求实才，顽不率者黜之。十五年，颁学规于国子监，又颁禁例十二条于天下，镌立卧碑，置明伦堂之左。其不遵者，以违制论。盖无地而不设之学，无人而不纳之教。庠声序音，重规叠矩，无间于下邑荒徼，山陬海涯。此明代学校之盛，唐、宋以来所不及也。（《明史》志第四十五《选举一》）

就算是在偏远的农村地区，有了供人学习的场所和教授知识的师长，学习的种子就能发芽生长。此块碑记的产生和传承，就很好地说明了这个问题。

撰碑者黄华，自称里人，当是平南县本地人。此地在嘉靖年间才有了乡学，蒙童们有了读书识字的地方。而黄华在万历戊子科中了举人,且做了上高县的知县。他能够中举出仕,为里人所敬仰、为乡亲之骄傲,当起步于士村乡学,在碑记中也可以看出,他对这所乡学是深有感情的。他出面出资重建学校,不仅仅是责任,也有故土之情在焉。

黄华在碑文开篇即说到,中国重视教育,历史悠久,"庠序学校之设,三代之重学可考"。战国时期的《礼记·学记》称:"古之教者,家有塾,党有庠,术有序,国有学。"对在不同的地方建立不同等级的学校,有明确的记载,说明中国古代对教育的重视,对学校的配置的规定早已有之。

在各级学校中,处境最为艰难的应是乡学,亦即社学。其既不是有钱之人的家学,也非官府正式儒学,无论场地设置、经费来源,还是学生、教师数量和课时设置,都有很大的随意性,如果不是长期有热心人扶持资助,这样的学校很难持续运转。应该说,士村这所村学还是幸运的。黄华当了县官,能够出面来兴复乡学,使得一所村学在建起46年之后,处于破败倾颓之时,获得了一次新生的机会。更幸运的是,村学的规模不大,在热心父老的支持下,有钱出钱,有力出力,有物献物,不过一个多月,修复工程就完成了。

从碑记中也可以看出,这乡学非官办学校,没有学宫那样的硬性要求,不必修孔庙那样宏大复杂的建筑,只要能满足最基本的读书学习需求就算成功了。但读书之地毕竟不同,学校所处的位置、所通的行径、所铺的道路,也是要有意涵的。"其接乎凤山者,欲人之仰止景行,望先贤山门之重也;其通乎龙井者,欲人之深造以道，可以取左右逢源之乐也；其修砌道路，建竖坊表者，示人以无偏、无党、无反、无侧，而遵王道之平也。"作为学生，善于学习是基本要求，不但要受业师的言传身教，更要善于领悟，在一切无字之处读书。

边地文教设施的逐渐完备
——明《重修浔州府学碑记》

《重修浔州府学碑记》中说,明初浔州始建学宫,但"制缺而未备"。朱元璋诏"宜令郡县皆立学校",要求全国各地都要建学校,但各地囿于经济条件,并不能全部按要求建成规制完备的学宫,也是实际情况。那么学宫,亦即文庙,究竟有些什么具体的要求呢?文庙和学宫的关系又是怎样的呢?

孔子是中国历史上第一个践行"有教无类"教育思想的人,他办私学培养人才,为之提供教育机会,而他的弟子中不乏安贫乐道、以追求知识为乐的人。但后世政府又把他请进学宫,作为官学的一个组成部分。真正赤贫和没有一定地位的人,是很难有机会进入官办学校学习的。反而是义学、书院之类非官办学校,继承了他在体制之外办学的衣钵,"有教无类"、不拘一格地培养人才。

孔子去世,他的弟子为他守孝,后来把他居住和办私学的地方,改建成了祭祀他的文庙。这其实是由学变庙的起源,但当时庙、学并没有合为一体。汉代的皇帝祀孔子,是到鲁地的孔子庙中献祭行礼。东汉明帝永平二年（59），于辟雍行乡饮酒礼祭祀孔子，这才开始在学校祭祀孔子，当时辟雍中多半没有文庙。汉文翁在蜀地兴学，在石室刻孔子像，这可能是学校建孔子庙的萌芽。最初学校祭祀孔子，可能只是对着画像或刻像行礼。后来，随着对孔子的追封越来越显赫，祭祀规格越来越高，原来只是对画像行礼的方式，显然已经不能满足礼制的需要了。

从春秋战国时代的诸子百家，到汉武帝时独尊儒术，汉以后历朝历代，儒家文化逐渐成为封建统治的主导思想，孔子也就在思想教育界一家独大。唐贞观四年（630），唐太宗诏命州县学校皆作孔子庙，孔庙成为学校一个重要的组成部分。后来随着孔庙的规制越来越完善，孔庙的规模越来越宏大，学校反而成了孔庙的附属，只是孔庙的一个组成部分了。

但直到宋明时期，文庙的规制一直是在变化中的，并没有统一的标准。从《宋史》的记载中可知，当时文宣王庙是在国子监，其规模有限，增修时才塑先圣、亚圣、十哲像，其他先贤先儒均在木壁上画像，位于东西庑之中。国子监尚如此，其他府州县一级的学校，修建的文庙规模肯定不超过国子监。到了明朝初年，新建太学，其中修了文庙，规模较宋时有所扩大，中间大成殿，左右两庑，前有大成门，大成门前有灵星门，还有牺牲厨、祭器库等附属建筑，已经是一个设施齐全、功能完备的完整庙宇规模了。到洪武三十年（1397），改修太学文庙时，其制式由皇帝亲自规划，看来也没有什么统一的标准来因循。

在浔州这样偏远的地方，碑记上说洪武年间就建有学校，所谓起始是"制缺而未备",估计当时只是一个简陋的学校,而未有孔庙之类设施。不久学校被毁,成化四年(1468)重建,成化十一年(1475)建明伦堂、春风亭。到正德十一年(1516),才新修殿庑,建门舍。按这个记载,此时方在原学校范围内修属于文庙的建筑,这个"殿"应是大成殿,是文庙的主体建筑,里面塑孔子像,作为专门的祭拜场所。这个"庑"应是东西庑,绘制画像或者放置塑像,是祭拜孔门七十二贤及先儒的场所。嘉靖年间,又建射圃、敬一亭等建筑,后来还把学校周围的土院墙换成砖墙。万历十三年(1585),创建尊经阁。直到此时,学园之内,除了读书的讲堂生舍,更多的建筑属于文庙的规制设施,学校因为孔子庙而升级为学宫。这里不仅仅是一个学生读书的场所,还是开展祭祀孔子等重要活动的地方,不但有教谕、训导等儒学教师出入,也会有县官甚至州府官员来参加重大活动,或进行检查巡视,考查在校学生,组织县级儒生的考试等。

  文庙规制的完善,有一个相当漫长的过程。唐以前是形成阶段,唐宋是发展阶段,元朝有所退步,明清又有重大的复兴。但在此碑的记载中,作为文庙一个重要标志的"泮池",并没被提到。可能因为地形或水源之类,此地文庙没有这个建设内容。至于启圣宫等祭祀孔子先世的殿宇,浔州府学也没有。可见一地府学的规模大小和设施建设,相当程度上取决于当地的经济实力和社会现状。浔州在明代社会并不安定,经济亦不算发达,教育事业的发展,可谓举步维艰。

凋敝后的艰难复兴
——清孙以敬撰《桂平县建造学宫记》

孙以敬到桂平县任县令，是在康熙二年（1663）。此时距顺治帝入京定都已十九年，但国家仍处于初定阶段，各地的社会经济远未完全恢复。从孙撰写的碑文中可以看到，他到任桂平县时，"谒至圣无庙，集诸生无学，余伤之"。县令到一个县上任，想拜至圣先师孔子，却没有孔庙，想召集读书人见面，也没有学校，作为一个以弘扬文教为己任的传统文人，孙以敬确实难免内心哀伤。

明朝末年，阶级矛盾和民族矛盾空前激烈，国内民变不断，东北边乱不息，崇祯皇帝焦头烂额，坐卧不宁。内外矛盾长期累积，各种痼疾一齐暴发，使一个延续两百余年的朱明政权千疮百孔，气息奄奄。而生活在底层的老百姓，在多如牛毛的捐税盘剥之下，在往来不息的战乱之中，逃亡辗转，很多地方十室九空。清军入关之后平定各地，大军过处，免不了玉石俱焚，生灵涂炭。明末清初社会经济遭到极大破坏，人口大量减少，因此孙以敬到任时，最为迫切的事，是招集流民，稳定人心，恢复生产。

清初，桂平等地之所以社会凋敝，生产落后，文教不兴，除改朝换代的战乱动荡之外，还有一个原因，是明代的大藤峡起义。大藤峡位于桂平县境内，长约50公里，山势险峻，江水湍急。明代大藤峡起义的参与者以瑶民为主，从洪武年间开始到天启年间为止，此起彼伏，前仆后继，其中规模较大的有10余次。从明初洪武十九年（1386）始，罗渌山农民起义军杀广西布政司参议汤敬恭，控制大藤峡一带，垄断桂平至武宣的黔江水路数十年。

明英宗天顺七年（1463），侯大苟率义军700多人夜袭两广总督衙门驻地梧州，活捉按察司副使周璹，打开官库，缴获大量武器、金银财宝及粮盐等，散发给贫苦百姓。天顺七年至成化元年（1463—1465）间，义军控制了梧、浔、柳3府10多个州县。起义军还越省作战，打到广东、湖南、江西等省的一些州县，震动了明统治者。成化元年，明佥都御史韩雍率16万官军分5路围剿，杀义军3200多人，侯大苟等全部牺牲；韩雍砍断峡中大藤，改大藤峡为断藤峡。

嘉靖五年（1526）前后，大藤峡起义再次进入高潮，并与八寨、苍梧等地的农民起义军遥相呼应，再次控制了黔江上下数百里的广大地区。嘉靖六年（1527），明朝廷派南京兵部尚书兼左都御史王守仁提督两广军务，王采用突袭的手法，先后镇压了大藤峡和八寨农民起义，捕杀义军3000余人。

天启七年（1627），胡扶纪以鹅山为据点领导农民起义，官兵8000多人前来围剿，胡扶纪被捕杀。至此，前后历时250余年的大藤峡起义才最终平息，此时距清兵入关还有17年。长期的战乱导致以桂平为中心的大藤峡地区，社会经济处于十分落后的状态，清初官员眼见的情况才会如此不堪。

孙以敬做知县三年之后，在康熙丙午年的本省乡试中，桂平县没有一个生员中式，他感到这是作为一个县令的耻辱，这使他再一次感到修建学宫的紧迫性。按碑文所记，孙以敬了解到，桂平以前曾经有过学校，但一迁再迁，屡兴屡废，现在都成了废墟了。他只好重新选择地方，规划新建一个学宫，按照传统庙学合一的规制，把文庙和学校建在一起，周围修起围墙，形成一个独立统一的教育场所。

建这个新的学宫，虽然获得了上宪的同意，但最大的问题是缺乏经费。估计当时桂平县内，有钱的富户十分稀少，大多数人温饱尚不能满足，哪里有钱来支援教育？在修建学宫之前他做过调查，找到了能够胜任的工匠，却筹集不到足够的经费，但事情又不能不做。既不能强行摊派硬征，也不能挪用应该上缴的丁费粮食，最后只有他拿出俸禄，来供应这一项工程。

由孙以敬的这个举动可以看出：一是清初国家财政困难，人民贫穷。恢复生产是一个漫长的过程，康熙初年社会稳定不久，远未恢复元气，尤其是人口减少，如中原和四川等地，赤地千里，人烟断绝，国家财政拮据。这也促使了康熙年间，朝廷制定了"湖广填四川"的大移民政策，把人口迁移到自然条件相对较好的地方，去开发那些虽然肥沃但荒废已久的地方，从土地上生财，才能从根本上解决国家财政问题。但这是一个缓慢的过程，需几十上百年方能大见成效。二是县官的俸禄，在官员序列中算是较低的，但在桂平这种贫困地区，也是一笔不小的数目。他能够用个人的捐俸，修起初具规模的学宫，不论规模如何，起码的建筑是具备的，比如文庙、两庑、启圣祠、明伦堂，还有奉祀乡贤名宦之所和周垣围墙。这些建筑设施即便相对简陋，但也能够使用。其材料、人工等费用当是一笔不小的数目，甚至可能耗费了他多年的积蓄。孙以敬能够如此，体现了他作为县官尽心竭力办教育的一片赤诚。

在这篇碑文中，还有一个值得注意的，是知县孙以敬的汉八旗身份。汉八旗在清八旗序列中，地位低于满八旗和蒙八旗，但仍属于征服中原的控弦之士，在清朝入主中原后，成为上层统治阶级。其虽是汉人血统，却有满人习俗，这是一种民族融合的产物。中国这个统一多民族的国家，其民族融合数千年来一直都在演进，既保持各民族的多样性，也沿着融合之路一直向前，体现出一种包容内聚的向心力。满人最初是不参加科举的，是清军入关之后才开了这个先例。

孙以敬参加的考试，是清初八旗汉军或汉人考试，作为癸卯科的经魁，也算是八旗读书人中的佼佼者了。当时旗人读书考试均有名额资格限制，看来孙以敬的上一代就是有文化、有官位的人，或者是重视文化教育的书香之家。孙以敬来到广西后积极传播儒家思想，为岭南地区的民族文化融合贡献出了自己的力量。

"苍梧僻壤"中的文教乐土
——清高联璧撰《重建恭城县文庙碑记》

《重建恭城县文庙碑记》现存于恭城县文庙，刻于康熙四十年（1701）。广西学政高联璧撰文，石匠黄玉璘刻石。

碑文所记的恭城县文庙至今尚存，是广西规模最大，保存最完整的孔庙建筑。文庙位于恭城县西山南麓，始建于明永乐八年（1410），历史上被多次修复，是现今桂林地区重要的人文景观。孔庙占地面积3600多平方米，建筑面积1300多平方米，其在边缘地区的县一级文庙中体量较大。从史料来看，广西的地方官员，尤其是省一级的高级官员对于恭城县的文化教育有着较高的重视度。康熙四十年重建恭城县文庙，建成后地方官为了纪念这次重建，设置了3块石碑，分别是恭城县知县田慕芳撰《恭城县重建文庙碑记》、广西巡抚萧永藻撰《恭城县重建文庙碑记》以及广西学政高联璧撰《重建恭城县文庙碑记》，其事之盛可见一斑。县一级文庙的重修，有着巡抚和学政的参与并撰文，这更体现出广西地方政府高层对于文庙修筑的重视程度。

在并不是广西人文核心地区的城市，修复这样规模宏大的孔庙建筑，并且同时刻立3通碑刻来纪念此事，可见恭城县文庙在清代的广西是有着特殊的文化地位的。清康熙中后期，社会进入长期发展的稳定时期，在各地培养、选拔人才、推行教化已经成为施政的重要一环。尤其是受到康熙前期"三藩之乱"影响的地区，国家在行政和军事管理之外，辅以科举和文化教育来维持当地人心稳定、防止社会动乱的意图更加明显。而恭城县之所以会成为康熙时期广西地方官员弘扬文教的着力点，与其独特的文化地理位置以及人文氛围有着密切的关系。恭城县今为恭城瑶族自治县，位于广西壮族自治区东北部，明、清时属平乐府管辖。平乐地处省会桂林周边，自宋起就是文化教育相对发达的地区，宋、明、清三朝都出过不少进士，科举成绩斐然。而恭城县则位于平乐府西北部，属于少数民族和汉族混居地区，可以说，恭城县处于清政府以儒家文化"教化边地"的前线。恭城县虽然有着大量的少数民族聚居，有着许多的瑶寨以及少数民族村落，但是儒家文化在这里也得到广泛的传播。县城里修建有节孝牌坊、周渭祠、武庙以及孔庙等建筑，官学学堂也得到开办。不同民族文化和谐共生的社会背景下，居住于此处的瑶族人民日益受到汉文化的浸染，两个民族的交流交融水到渠成。文化教育的推行和科举在这里的发展，被视为儒家文化在边疆地区进行传播的重要一环，这也是恭城县文庙的修复得到广西地区地方官员高度重视的原因之一。

正如碑文中所述，处于"苍梧僻壤"的恭城县，却有广西巡抚萧永藻和广西学政高联璧等人共同捐资修复文庙，"百度未遑，首崇文教",这自然不会是夸耀富有的表面功夫,而是希望以这种推崇文教的行为,切实地发展恭城县当地的人文和教育,达到"人文从此炳蔚"、"大有造于恭"的宏大目标。这个目标,不仅是通过文庙的修筑来提升儒家文化在恭城县人民心中的感知度,完善官学的基础设施以更好地培养人才,更是要通过彰显政府对儒学的推崇和重视,让边疆地区的民众,尤其是少数民族民众由于科举前途的感召,而自发地崇学向学,以更好地融入以儒家文化为主导的中华文化发展中来。可以说,恭城县文庙的修复这一事件,正是清代政府以政策为导向引导儒家思想文化在民众中传播的突出代表。

与广西省以及恭城县各级官员崇尚文教相对应的,是恭城县学子的诚心向学。从碑文中的记载可以看到,恭城文庙的修复并非是各级官员一厢情愿的独角戏,恭城的学子儒生也在积极地回应官员对于在当地弘扬文教的期待,对修复文庙这一盛事也是出钱出力颇多。恭城的儒生、生员等不但在筹建时随同官员慷慨解囊,还在工程中承担了监工的工作,可谓用心良苦。这也是恭城地区文化教育得以发展的重要因素之一,即官员与当地民众在教育基础设施建设上的良性互动。同时从这种良性互动中可以看到,恭城县虽然地处较为偏远,但是却具有着儒家文化传播的土壤,如碑文中所言,"粤西广文糊口,每不暇给,而叶、植二子,慷慨乐助",这说明当地文化教育发展,有着热心向学的士绅阶层积极响应官员弘扬文教、捐款助学的行为,并给予物质上的支持,双方的这种良性互动使得恭城的文化教育以及相关的基础设

《重建恭城县文庙碑记》

施建设得以顺利完成。

清代康熙年间恭城县的文庙修复，展现了儒家文化强大的传播力和丰富的内涵。无论是恭城县科举中第的学子、崇文尚学的士绅群体，还是受到儒家科举文化影响的少数民族群众，都是清代广西地区文化发展的重要参与者。虽然恭城县文庙在康熙四十年后又数次圮坏，但在一代代致力于弘扬文教的地方官员的推行下，广西地区的文化教育经受住了时间的考验而不断蓬勃发展。

一方大吏的悠然文心
——清陈元龙撰《阜成书院记》

陈元龙撰《阜成书院记》，带有一些欧阳修《醉翁亭记》的风格。他以诗人的笔触、抒情的言语来写这一篇碑记，所说虽是书院之事，却没有用一副讲台上业师的严肃面孔来叙述，读来让人心生愉悦。此文有"风乎舞雩，咏而归"的活泼潇洒，大约希望以他的名义办起来的这个阜成书院，能和一般儒学有一定区别，不是死气沉沉的读书堂，学子不是仅仅为了科举功名青灯黄卷，皓首穷经，而是要有更宽松的学习氛围，更超然的学习心态，使每一个到此读书的人，都感受到康熙时期的帝国"已阜已成"的喜悦，沐浴"宽大平和，镇静修养"的圣世清化。

陈元龙，字广陵，浙江海宁人。康熙二十四年（1685）一甲二名进士，授编修，直南书房。五十年（1711），迁吏部侍郎。后授广西巡抚。乾隆元年（1736），命在籍食俸。寻卒，赐祭葬，谥文简。

陈元龙以文见宠，又以文达官，良好的文化教育在他宦途中起到了重要的辅助作用，所以在康熙朝的"盛世"之中，陈希望以推行文教为襄"阜"助"成"的手段，故而他才会对书院的建设如此上心。在陈元龙的这篇碑记中，他以"阜成"命名该书院，其目的和意义已经说得非常清楚了。而他对书院中"二堂一榭一亭"的命名，也很有文化内涵，值得注意。

书院其中一堂叫作"惠南"，如此取名的目的是"志加惠元元也"。在宋代诗人毛滂的诗《春词》中有这样的诗句："云母春冰薄，氍毹晓气暾。尚垂宵旰意，加惠及元元。"此诗描写了春天的温暖，而陈元龙在此是以之歌颂国君对老百姓的关怀抚育。同时也勉励在此读书的士子，要有心怀天下、胸有百姓的情怀，以儒家"修齐治平"为己任，不论在哪个阶段，身在何处，都要有志向抱负，做一个合格的读书人。

另一堂取名"永誉"，"志夙夜匪懈也"。"夙夜匪懈"这一成语，指日夜辛劳，勤奋不懈。此句出自《诗经·大雅·烝民》："既明且哲，以保其身，夙夜匪解，以事一人。"这是对书生读书态度的要求，想学有所成，除努力之外，实无二途。努力钻研，日以继夜，不懈努力，才可能学有所成，并将所学"献与帝王家"。

离课堂不远的地方，有一处被命名为"观德"的射堂，为公余饮射之地，"志廉让无争也"。明朝王守仁撰有一篇《观德亭记》，对于文人君子之于骑射，有十分透彻的解读。原文中观德亭在今江西省赣州龙南市境，原是当地一座破旧文庙。阳明先生当时已取得征三浰巢贼的重大胜利，继续留任龙南治理经营。为进一步教化百姓，他命龙南教谕缪铭改建境内破旧文庙，并更名观德亭，建成后，专门作《观德亭记》以记之。王守仁也曾任广

● 《阜成书院记》

西巡抚，在广西建立书院，讲学传道，陈元龙建此射堂，也是对他的追怀。

射堂之外，隔一条小溪，还建了一个亭子。此亭被陈元龙命名为"拟兰"，以追慕王羲之写下千古名文的兰亭雅集。

东晋永和年间的兰亭雅集活动，得到了后世文人、书家的积极响应与仿效。从南北朝开始，历唐宋元明清直至近现代，每隔一段时间，就有一批文人、书家相聚兰亭举办雅集活动。兰亭雅集传承有绪、绵延不绝，形成一道独特的中国传统文化景观。在陈元龙的心中，兰亭之会也是文人之间切磋学问、相互交流的最佳形式。心有兰亭，在任何有山有水的地方，都能体会千年以前古人的情怀，也能畅叙此时此际的内心感受。

但陈元龙毕竟是清朝的一方大员，并非一介书生。他在皇帝身边多年，且是受命巡抚一方，时时刻刻不能忘记自己的使命。在建于桂林七星岩的"拟兰"亭下，他希望不仅有曲水流觞，有涤秽驱邪等娱乐活动，更要有为政抚民、教化颂圣等为官职责。他以更广博的心胸，希望这开放的亭子不仅是读书人的苑地，还能够使官员来此，可以商政事；贵人来游赏，能够观风俗；连农夫、野老、村童也可以到此地游玩放松。当然，顺带能和这些不期而至的游人论农桑、讲孝悌，从太平日子说到当今皇帝的恩德，也是在施政读书之余，了解民情的有益之举，更可宣传圣化。

清代广西文风之盛在桂林
——清《三元及第》《状元及第》《榜眼及第》

广西传统儒学教育的最高峰出现在清代，最显著的表征就是科举考试的参加人数和考取举人、进士等功名的人数远高于其他朝代。而彰显清代广西数量庞大的科举士人群体最高成就的就是建立在桂林靖江王城中的三坊，分别是"三元及第"坊、"状元及第"坊和"榜眼及第"坊。

明代靖江王所居住的靖江王府，在明末被叛将孔有德占据，之后由于大西李定国率军进攻桂林，孔有德将王府烧毁后自杀，王府付之一炬。之后清朝又未封王于桂林，而是在原王府的基础上改建贡院，王城从此成为清代广西的最高学府所在地。无数的士子从王城走向科举考场，桂林成为广西地区文化教育的中心，王城也成为表彰在科举中名列前茅的学子的场所，"三元及第"坊、"状元及第"坊和"榜眼及第"坊正是刻立在这里。

"三元及第"坊，刻于王城南面正阳（端礼）门上，是两广总督阮元为表彰陈继昌所立。清代科举每三年举行一次，具有秀才身份的考生在参加乡试、会试和殿试并通过后，才能获得进士的身份，而"三元及第"意味着在乡试中考中解元、在会试中考中会元并在殿试中考中状元。从隋唐科举考试制度建立以来，历史上全国仅有13人连中三元，而清代仅有2人，其中一人即广西的陈继昌。陈继昌，字哲臣，号莲史，桂林临桂人，生于清乾隆五十六年（1791），卒于道光二十九年（1849），嘉庆二十五年（1820）状元。在连中三元后，陈继昌任职翰林院修撰，后外放地方，官至江苏巡抚。

"状元及第"坊在王城东华门上，道光二十一年（1841）为表彰桂林状元龙启瑞建造。光绪二十六年（1900）原坊被毁，后重建时又有桂林学子张建勋、刘福姚考中状元，故将陈继昌、龙启瑞、张建勋和刘福姚四人名字并列于坊上。龙启瑞，字翰臣，广西桂林府临桂人，生于嘉庆十九年（1814），道光二十一年进士，授翰林院修撰，官至江西布政使，咸丰八年（1858）卒于任上。

"榜眼及第"坊在王城西华门上，同治四年（1865）为表彰考中榜眼的进士于建章而立。于建章，字殿侯，临桂人，生年不详，同治四年进士。于建章同年状元、探花皆为旗人，故身为榜眼的于建章事实上在汉人中科举第一，也因此受到了朝廷的重用，授翰林院编修，随即任乡试考官，乡试结束后任山东学政，然而其因父凶过恸于同治十三年（1874）病死。

清代广西的科举成就虽然超过了前代，但放在全国范围内是相对较低的，这根源于广西地处边疆、社会经济整体不发达；但是王城"三元及第"坊、"状元及第"坊和"榜眼及第"坊所反映出的，是清代桂林地区科举所达到的最高成就。以上三坊所表彰

清代广西文风之盛在桂林

● 《三元及第》坊额

● 《状元及第》坊额

● 《榜眼及第》坊额

的陈继昌、龙启瑞和于建章三人都是桂林府临桂县人，这一点充分反映出了当时广西桂林地区教育水平的发达。不仅清代广西成就最高的三人皆出于桂林府临桂县，全部清代广西文科进士569人，有294人出于桂林，可见在清代，桂林地区的确称得上是广西文脉所在。桂林地区科举士人能够在清朝的科举考试中获得令人瞩目的成绩，与桂林地区的社会物质环境和人文素质的积淀密不可分。

桂林作为清代广西省城，教育资源丰富，不但有着一省的最高一级科举考场——广西贡院，同时也有着秀峰、宣城、桂山和榕湖四大著名的书院，这些学校都有着优秀的大儒作为师长，浓厚的学术和学习氛围使得这里的学生能够潜心向学。同时，作为省城的桂林也是各官府和行政部门的所在，官场氛围也是促使桂林学子努力考取功名的环境因素之一。广西作为岭外边疆地区，总体上的教育不发达，也使得来到这里任职的官员，普遍有着以弘扬文教作为自己政绩的心态。如王如辰提督广西学政时，就致力于恢复学校，郝浴在任广西巡抚时也不遗余力地发展广西地区的教育。这些地方官对于发展广西地区文化教育的努力，主要的着力点就是桂林，这也是促成清代桂林官学、书院发达的重要原因。

除了政府和社会的客观因素之外，桂林地区士绅阶层崇尚儒学、尊崇科举的主观因素也在很大程度上推动了桂林地区文化教育的发展。清代桂林有着为数众多的科举家族，最具代表性的就是培养了陈宏谋以及"三元及第"进士陈继昌的临桂县四塘乡横山村陈氏家族。这些科举家族重视家族文化的构建，为子孙后代提供优越的治学条件，并且在政治上对后辈进行扶持，由此在一个家族内产生了大量的举人、进士。而这些考取功名的后代走上仕途后，又会更加重视对子孙的教育，由此形成了良性循环，使得家族中人才辈出，同时也体现出科举家族在促进桂林地区文化教育水平的发展中的重要作用。

清代广西地方政府为代表了清代广西地区科举考试最高成就

的陈继昌、龙启瑞和于建章三人在贡院设立的三个坊碑石刻,在体现了朝廷对三人科举成绩的表彰的同时,也表现出了国家对于边疆地区文化教育发展所取得成就的认同。桂林凭借其独特的地理、社会环境和人文积淀,以当地学子在科场中获得的瞩目成绩,为广西地区在清代的学术和科举历史中争取到了一席之地。

清代岭南文人对宋代理学思想的共鸣
——清李仲良撰《武城书院碑记二》

一个朝代也如一个人一样,在其盛年之时,自有一派积极向上的勃勃生机。康雍乾三朝历来被称为盛世,自然有其历史原因。改朝换代之后,政权机构和历经战乱的人民,焕然重生,上下同心,积极努力,社会矛盾相对缓和。其中政治上采用相对公平的选贤用能的人才选拔制度,是核心的举措之一。

时至今日,此碑记的撰写者李仲良,仍然被他执政过的广西平南县,以及他的出生地江西玉山县,当成历史上的廉吏,两地人民世代传颂他的善政功德,称他是造福于民、执法严明的好官。他在平南县捐薪助学、培养人才,编修县志,革除弊政,当地方志中多有记载。而这通碑记,更是保存至今的实证实物,是研究那段历史的可信旁证。

李仲良是乾隆二年(1737)进士,到平南任知县已是乾隆十三年(1748),以他的宦途经历,此时已经对地方政事的运作了然于心。在平南上任之后,他"检阅旧志",追溯了本地历史上学校的兴废,提出了自己兴学的路径。他提出了兴办书院,而非一般修建学宫兴办儒学的办法。一般来说，儒学是由清政府组织建立的正式官学，书院则多是儒学的补充。儒学有相对严格的要求，其规制、学制、人员都要纳入官府的管理，运行也有更多的程序规范。要走完这些程序，就需要投入更多的金钱和时间成本。但书院就相对灵活一些，钱可不用官帑，人可不由吏部，办学方针灵活，可以在更短的时间内，办起学校，培养出人才，这也使得清中期以后书院在各地蓬勃发展起来。武城书院的建设就是李仲良首捐俸禄，士绅赞助，很快筹集到了一笔创设资金。李仲良正是一个讲求实效的人，他于秋天上任，书院建设在仲冬开工，腊月告成，仅仅两三个月，书院就建成了。房屋虽然简陋，但基本格局具备，功能齐全，有门面，有讲堂，有书楼，一个书院的雏形已然呈现。之后他迅速选拔了五十多名学生，并从千里之外聘请了玉星烛为教席，使书院在很短时间内就正常运行起来。

书院建成，李仲良为之题名"武城书院"，其深意在碑文中说得十分清楚。历史上平南县是晋朝武城县地，建县历史久远，是一个名副其实的千年古县。另外，李仲良还希望在自己执政的平南县，效法"武城弦歌"，重视教化，将儒家思想树立为施政指南。

汉代蜀地文翁兴学，筑石室刻孔子像，后世学宫均祀孔子，官学文庙塑孔像渐成定制。但书院非官学，挂学宗像没有统一标准。从武城书院"景徽楼"上，崇祀的是二程和周子牌位，也体现出李仲良对教育思想的独特见地。

周敦颐广为人知的是其《爱莲说》，以出淤泥而不染的莲花自喻，这也成为广大读书人的精神追求。他是宋明理学的开山祖师，二程是他的弟子。在当时儒、佛、道合流的形势下，从对《老子》的"无极"、《易传》的"太极"、《中庸》的"诚"以及五行阴阳学说等思想进行熔铸改造，并为宋以后的道学家提供"无极"、"太极"等宇宙本体论的范畴和模式来说，周敦颐确有"发端之功"。从一定意义上说，二程的扩大，朱熹的集大成，都是在周敦颐原有的思想基础上使道学理论更加完善化、系统化。

周敦颐既是一个大学问家，也做过多年官，是一个有理论有实践，能说会做，善于理论联系实际的人。他在多地做官，形成了一套行之有效的社会治理理论，对通过科举而入官场的读书人有很强的实操指导作用。其理论总结起来，可分为德治与刑治两个方面。德治，体现在修圣德、重师道、推礼乐三个方面。修圣德，周敦颐称之为立人之道，"立人之道，曰仁与义"，仁义修而万民感化。重师道，周敦颐认为，使天下人从善而不为恶，唯一的办法就是重师道："师道立则善人多，善人多则朝廷正而天下治矣。"推礼乐，周敦颐认为："礼，理也；乐，和也。"礼的实质在于理，"理"的本意在于治。周敦颐的刑治思想体现在他的德刑观和慎刑观上。在周敦颐看来，刑治是为弥补道德的不足而采取的万不得已的选择。他指出圣人以天道为法则，主要是以政养万民，德治是最好的养民方法和手段。他主张"慎刑"，不到万不得已的时候不轻易使用刑治。周的理论，是对孔子儒家思想的深化和时代化，他结合当时的社会现实，提出更为具体的指导思想。

他被供入文庙从祀孔子，成为被国家认可的大儒，足见其在思想界的影响。

从读书人的角度看，濂溪先生可以说是一个完美的典型。他"气貌非常，崇高正大，旷达潇洒"，既有高深的学问，又有美好的官声，学问被人称颂，做官仕途平稳，未经历大起大落的波折。他辞官之后，醉心学问，在山水之间终老，实现了他《爱莲说》中高洁莲花的形象升华，其文、其理、其人都富有诗意，以"诗意栖居"走过多彩人生。

由对周子及二程的推崇敬祀，可见李仲良其人的思想追求。他建书院，课学子，也体现了对周、程诸先贤的"高山仰止，景行行止"之情。教育这种文化的传承，榜样的力量是非常大的，有了好的榜样，可以极大地激发学生的积极性，使他们沿着正确的道路努力向前。"瑰奇卓荦，翘然出类之英"就是这样培养出来的，爝火之不熄，文化方得以传承。

此碑不朽，此文亦不朽
—— 清许道基撰《新建三峰书院记》

据《陆川县志》记载，《新建三峰书院记》为清代乾隆年间许道基所撰。许道基，初名开基，字勋宗，号竹人。浙江海宁人。雍正八年（1730）进士，授户部主事，转刑部，与修会典。乾隆十八年（1753）时任广西学政。此碑文撰写时间在乾隆二十一年（1756），已是他学政任上第四年了。

据《清史稿》载，提督学政位置十分重要，排在督抚之下，布政使之前，是一个级别不算高，但皇帝很重视的职位。

据《清稗类钞》记载，京官谋学政职位外放，也是一场十分激烈的竞争，能不能被选上很重要，但更重要的是放在哪里去当学政，决定权基本掌握在皇帝的手中。对于进士出身而非八旗官宦之后的大多数读书人而言，督抚之位高不可攀，但学政这一差事光鲜而又实惠，通过努力还是有机会出任的，因此令级别不低而宦囊羞涩的京官们趋之若鹜。许道基能够从众多的京官中脱颖而出，到广西任学政，不但需要他的道德文章，为人处世和为官政绩也要得到任职衙门主官肯定，并由主官向皇帝推荐，才有机会。从此通碑文文风上看，其不愧为一省学界的最高长官，碑记文采斐然，气韵贯通，立意高远，逻辑严密，说理通透，是一篇甚为可观的好文章。

在这篇文章中，许道基写到，中国儒家文化之"三不朽"，可"比诸山峰之不骞不崩"，是历代读书人的终生追求、最高目标。建立书院，当以此为激励后学的指导思想，将之作为学生立志的基础。朱熹的读书法中，也一再强调立志的重要性，立志是读书人好学上进的不竭动力。儒家文化的"三不朽"，来自于《左传·襄公二十四年》穆叔如晋与范宣子关于"死而不朽"的对谈："穆叔曰：以豹所闻，此之谓世禄，非不朽也。鲁有先大夫曰臧文仲，既没，其言立，其是之谓乎？豹闻之：太上有立德，其次有立功，其次有立言，虽久不废，此之谓不朽。""三不朽"之说，起于对这段话的总结。

后来对"三不朽"的解读越来越深入。立德居太上之位，是立功立言的基础。古往今来，人以品为重，官以德立身。以德服人，宽厚诚实，仁义慈祥，言行举止稳重大方有涵养，自然受人敬重，这就是无德不立的道理。其次才是立功，严谨做事，学习本领，增强做事的能力，踏实认真，任事不苟，持之以恒，大处着眼，小处入手，点滴涓埃，日积月累，才能事成功显。最后才是立言，它是立德立功的延续，是传承文明的载体和途径。立言的内容是把人们立德做人、立功做事中的思想、经验、成果总结归纳，用文字记载，传之后世。这是中华文明数千年传承不绝的历史基因。

陆川县兴建三峰书院的主事者，是当时的知县石崇先。石崇先是四川广元人，乾隆年间举人，在陕西多地做过县级官员，后到广西，先后在陆川、贵县任知县。石崇先出生于四川广元的书香之家，曾编修《（乾隆）四川保宁府广元县志》，该书被后世认为是广元历史上最有影响的一部地方志。

乾隆二十四年（1759），在广西贵县（现贵港）任知县的石崇先，游览境内名胜南山寺，探访苏东坡南谪经过此地并留题额之遗迹，遂作《敬步东坡凤翔东湖九日原韵》诗一首："九秋天气暮山秋，南寺峰高耸翠微。晚景不随红叶老，诗思常伴白云飞。眼前岁月期无负，物外晚霞竟无违。三教同源登彼岸，为儒为墨任评讥。"

不论是许道基还是石崇先，都已是约三百年前的人物了。有此块碑记，有他们流传至今的诗文，以及他们为官之地人民的口碑，至少在立言这一点上，他们是实现了"三不朽"之一。立德立功，更需要的是时势，是时机，往往不由自己。对个体来说，立言的主动权是操于自己手中的。在浩浩人海中，这也是他们精神的光焰在历史长河中闪现的微光。

追思往圣，继其教化
——清王锦撰《柳江书院碑记》

此碑撰文及书写者为清朝右江分巡道观察使王锦。王锦，字纲斋，清朝顺天府析津（今北京大兴区）人，乾隆年间进士，先任翰林院编修，乾隆十六年至二十九年（1751—1764）任右江分巡道观察使。右江分巡道驻柳州府。清初，柳州府属右江道。康熙二十二年（1683），右江分巡道官署从宾州迁至柳州府城。雍正三年（1725），自柳州府析出宾州和上林、迁江、来宾、武宣4县。雍正十二年（1734），柳州府复辖来宾县。此后柳州府共管辖马平、柳城、雒容、怀远、罗城、来宾、融县七县。

王锦的官职是分巡道观察使，通俗地说是道台，又称道员，正四品，算是清代掌管一方的高级官员了。在清朝的职官中，道员是一个最复杂的官位，在康熙年间变化调整最为频繁，以后相对固定，但细微的调整一直未停。"道"有着各种各样的职守，仅名目就是一长串：粮道、盐道、河道、路道、海道、邮传道、兵备道、巡警道、劝业道、分守道、分巡道……从名称就知道其职责范围都是各不相同的。

道员虽然只有四品级别，但"许上封奏""许言事"，可以直接给皇帝上密折，不管对于其上级或下级而言，这一权力都是很叫人忌惮的。王锦是分巡道观察使，振扬风纪、澄清吏治是其职责，对管辖范围内的县官有很大的权力。柳州府官员请王锦来写柳江书院的碑记，乃因其出身进士、任职翰林，又有着道台官职，是当地最有资格为此文者。

柳州之地有柳江，柳江书院承柳宗元之志，这又是一段名人佳话。碑文中说到："夫人文章得如柳，可以止矣……即未能得其全而学其半，是虽上方不足，要已下比有余矣。"说的是文章要学唐宋八大家之一的柳宗元。柳宗元去世后，柳州就修建了柳侯祠，经历代维修重建，一直传承至今。

柳宗元被贬，十四年苦旅迢迢，第一次到永州作司马，第二次到柳州当刺史。他在永州的十年，应是他最为痛苦的阶段。他纵情山水，但时时处处摆不脱凄苦的心情，那种被丢弃于茫茫人世的感觉，一首《江雪》表露无遗。但时间是医治创伤的最佳药品，他第二次被贬出长安到柳州，其心情就与在永州时有了很大不同。有感于"苛政猛于虎"，到任后他没有沉浸在自己的不幸之中，哀叹废政，而是关注民生，改革陋习，求雨打井，修复文庙。他在柳州时采取了一些有益的政令措施，为民办了不少实事、好事，受到柳州人民的爱戴。但令人遗憾的是，他在贬谪柳州四年之后，遇到朝廷大赦，命运本可迎来转机，却因多年遭受煎熬，身心俱损，因病在柳州离世，年仅四十七岁。

柳宗元被后世称为"柳柳州"，从此这位文人与柳州永远联

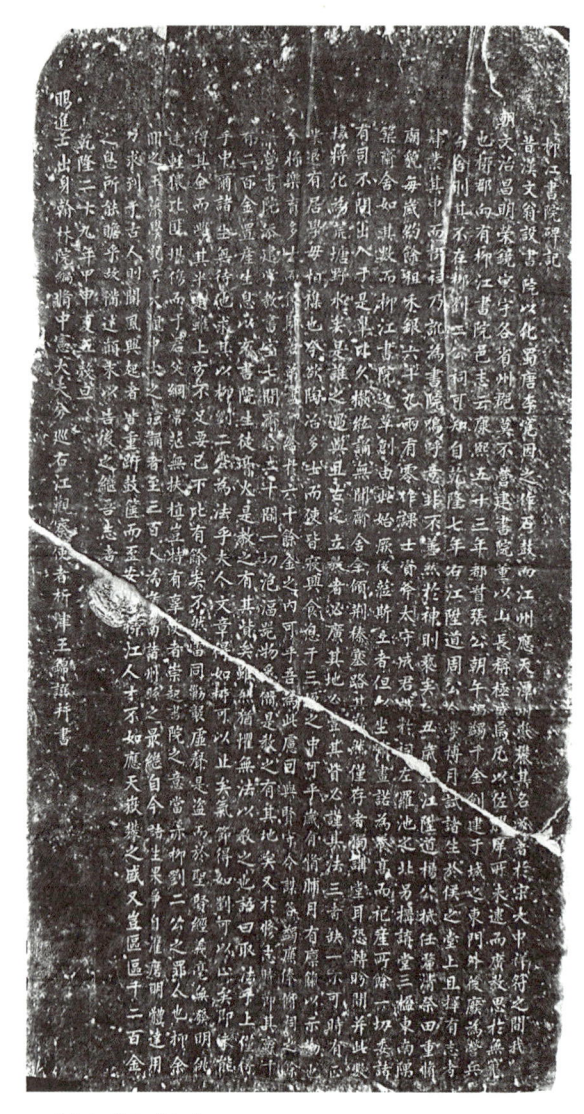

《柳江书院碑记》

系在一起了。

柳宗元修复文宣王庙，是他为柳州的社会事业做的一件功德。他还撰写《柳州文宣王新修庙碑》以作记录。

从柳宗元修复文庙，到此次重修柳江书院，历史虽然走过近千年，但文化在此地的传承，一直没有断绝。从柳州一地，亦可窥见中国传统文化基因生命力之强大，犹如一支不灭的火炬，其光焰虽有明有暗，但江山总有人才出，高擎着这光亮，照亮这个古老民族前进的路。

清代广西书院在官民共同扶持下的发展
——清宋思仁撰《书院义田碑记》

"身与杖藜为二，对月和影成三，骨肉未知消息，人生到此何堪。"发出这声悲叹的是宋朝著名词人秦观。绍圣四年（1097），被贬官流徙的秦观，一路从杭州、处州到了横州。作为苏门四学士之一，官至太学博士的他，和苏东坡一样，经历了人生的大起大落，有着同样的被贬谪的遭遇。文化的种子纵然被时代雨打风吹，但无论飘落到任何地方，也阻止不了它生根，发芽，开花。

秦少游的这首诗是他的《宁浦书事六首》其五，是他初到横州时所作，看得出他被"编管"到此的低沉心情。横州地虽僻远，但这里气候温和，四季常绿。郁江傍城而过，交通便利。更为可贵的是这里民风淳朴，百姓热情好客，对他真诚相待，并不把他当成"罪人"。有感于此，他开馆授徒，讲诗作文，传播文化，无意间成了到这里传播教育的先驱者。这也成为横州教育史上的一段佳话，和清代的秀林书院遥相呼应出一段历史渊源。

《书院义田碑记》现保存在横州市高级中学，中学校址也是书院旧址。

此碑所说书院，是指秀林书院。清康熙四十年（1701），南宁府横州知州柯宗仁，在州城改建义学，题为"浮槎义学"，以此致敬数百年前秦少游在此地教学的旧事。乾隆四十年（1775），新任横州知州宋思仁上任伊始，发现此义学人气萧条，难以为继，而本地寺庙却田多地广，收入宏富，僧人挥霍浪费，于是与乡绅士庶商议，"衰多益寡"，划出部分寺庙的地租作为学校的费用，使学校运转顺畅，恢复生机。宋思仁将"浮槎义学"更名为"秀林书院"，当在此时。兴办教育是地方官员的一项政绩，也得到当地人士的欢迎。为此，宋思仁还把此事条陈南宁府官，并选任有名望的师资充实书院，先后有举人陈翊熹、金嗣英、邓岳霖在此主教，为本地培育了大批人才。

书院是中国封建社会独具特色的文化教育模式，作为社会力量办学的有益探索，是各级官学之外的重要教育机构。就算是在重视教育的宋、清等朝代，各级官办教育的府、州、县学，受规模、名额的限制，也远远不能满足社会需要，因此书院的产生有其深厚的社会土壤。书院教育萌芽于唐代，鼎盛于宋元，普及于明清，后来发展成集教育、学术、藏书于一体的文化教育机构。书院在系统地综合和改造传统官学和私学的基础上，演变为不是官学，但也有官方支持的成分，不是私学但又吸收私学长处的一种教育制度，是官学和私学相结合的产物。自书院出现以后，古代教育便发生了一个很大变化，即出现了官学、私塾和书院平行发展的格局，三者成鼎立之势，直到清朝末年。

正因为书院并非官学，没有经费及人员的固定来源，它的发展、生存就不稳定，和地方经济的发展、当地官员的变更密切相关。而进入书院读书的人，以贫寒者居多，多数需要书院为他们提供起码的生活保障。因此，书院如果没有官府或者有实力的士绅做后盾，没有有名望的教师来号召，其稳定发展就只是一个梦想。说到底，为书院取得一笔稳定的收入，是维持其长远发展的重中之重。在我国漫长的封建时代，土地是最重要、最稳定的获取收入的资源。为书院获得土地，以稳定的地租收入维持运转，是一项长久之计。

作为一州最高长官的知州，要支持书院，却为什么只能向士绅寻求帮助，不能在公帑中支银办理？

一是制度使然。清朝的知县知州，虽说是州县之内的父母官，但对财政的支配权，是非常有限的。清初一般县级的税收主要来自于田地丁口的粮食和赋税，定额是参考明末的标准。按当时的规定，这些收起来的钱全部要向上级的布政司衙门解交，然后按规定的标准和科目再领回来，或者在上缴总额中扣除允许的留存。一个县的支出主要有知县的薪俸、养廉银，主簿、教谕、典史的薪俸，以及各类门子、差役、捕快、仵作、民团等人员开支，儒学有专门的经费预算，包括学生的廪饩及守门人的开支，但书院、义学的开支不在预算科目之内。因此知县只能自捐、劝捐，还有就是利用诸如分剖寺田等办法，来为书院义学争取经费。

二是经济条件所限。乾隆年间，虽然经过了明末清初的动荡，社会生产力发展处于上升期，但并不繁荣发达，朝廷的开支总显得捉襟见肘，地方的状况可想而知。州县官手里能够自由支

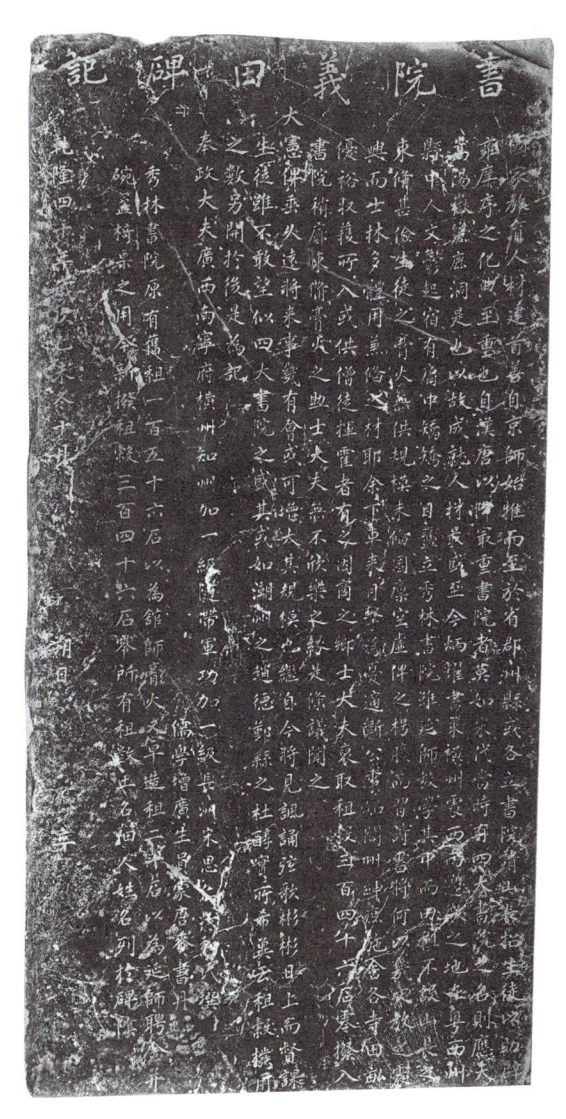

● 《书院义田碑记》

配的财力，和他想要办的大事所需的花费相比，差距极大，很多事只能望洋兴叹。有作为的县官，往往只能另想办法，另辟财源，才可能做成一些有益的大事。知县宋思仁要兴复书院，也一定是说服了士绅，做了寺院的工作，才办成这件好事。十年树木，百年树人，教育是一项需要持续投入的工作，要取得成效，就非一蹴而就之功，必须代代相承，持之以恒。

清代地方官员对书院事业的积极支持
——清朱椿撰《秀峰宣成两书院碑记》

《秀峰宣成两书院碑记》摩崖石刻，今存于桂林叠彩山下，刻于乾隆四十七年（1782）九月，广西巡抚朱椿撰文。

清代是书院教育大发展的时期，作为官学之外的教育形式，清代的书院为国家培养了大量的人才。清代广西地区最有名、科举成就最高的书院，即桂林的"四大书院"——秀峰书院、宣成书院、经古书院和桂山书院。秀峰书院位于桂林城叠彩山与独秀山之间，清雍正十一年（1733）朝廷下令各省创建书院，秀峰书院于此时由广西巡抚金鉷建立，并用于秀才参加乡试，属于官办性质的书院。秀峰书院在建立时规模并不大，仅有讲堂5间、书厅5间及东西学舍共30间，雍正十三年（1735）年皇帝赐银1000两与宣成书院共买学田，并对书院的生员、月廪进行了规定。乾隆四十七年，朱椿捐养廉银增置学田，之后历任广西巡抚如谢启昆等都对书院进行了修缮和增设。书院又于同治十年（1871）重修，后在清末新政时改书院为学堂，由丁振铎改为育才馆。宣成书院的历史则相较秀峰书院更加的悠久，其创立于南宋景定三年

（1262），由桂林府知府朱禩为纪念大儒张栻、吕祖谦而设立，张栻谥号"宣"，吕祖谦谥号"成"，故名宣成书院。最初宣成书院建在静江府北，面向广西地区的童生招生，是南宋时期有名的书院；元至元年间毁于战火，元贞、至正年间重修；明初改为临桂县学，后又重建；之后几经改名、重建，雍正二年（1724）时复名宣成书院，之后广西政府对其多有修缮，至光绪二十八年（1902）因新政裁撤。

秀峰、宣成两书院尽管历史和教育对象有所不同，但二者都是清代广西文化教育传播的重要组成部分。广西地处边疆，经济发展不比中原等发达地区，但清代时广西，尤其桂林地区的文化教育及科举成就却可与中原地区比肩，这充分说明了桂林地区文教的昌盛，而书院对此做出的贡献是不能忽视的。宣成书院招收童生、秀峰书院招选当地有才能的秀才参加乡试，这都是在清代科举制度之下，对于官方办学的补充。书院的建立，使得更多的学子能够接受到与官学相当的教育并参与考试。同时，桂林的书院在聚集文化名人、创造浓厚的文化教育与学术氛围上起到了很大的作用。有名的书院都会聘请当地极有名望的学者大儒来担任山长，这些山长本身的学识、文化地位及其背后的文化家族，对于一个书院的人才培养有着极大的影响。山长的言传身教，以及文化家族的聚集带来的影响力，使得桂林当地书院的学子们在浓厚的文化氛围和优渥的物质基础中学习、科考，这成为桂林地区文化教育发展迅速、成就令人瞩目的重要原因。

正是由于在地方文化教育中起到的重要作用，秀峰、宣成等书院都受到了广西多任官员的资助和修缮，热衷于弘扬文教的官员们也乐于以捐赠养廉银或者号召官员士绅集资的方式帮助书院的建设和提高师生的生活条件，以体现自己的崇文重教。

碑文中朱椿对秀峰、宣成书院的资助就是其中具有代表性的一个事件。清乾隆中后期，国家承平日久，广西地区的社会也总体稳定，社会经济的平稳发展，使得在雍正年间才逐步走上正轨的桂林书院发展了起来，学校有了名师大儒的任教，也开始大量招收学生，此时秀峰、宣成书院面临的问题是学校师生的生活条件问题。清代书院最初为民办，后来办学逐渐有了官府的参与，虽然秀峰、宣成书院在乾隆时期是两所官办性质的学校，然而书院毕竟不属于官学的体制，书院师生不像官学一样每月有固定的廪饩和膏火奉给，而是主要由书院的学田等作为收入来源维持日常管理和教学活动开支。由于书院声名日盛，越来越多的学子来此求学，这使得雍正年间由皇帝御赐购买的学田的产出逐渐不支，出现了"用度不敷，踌躇至再"的情况，这对于学生的求学热情和任教老师的积极性都是极为不利的。朱椿与同僚商议捐出养廉银为两书院购买学田，将学田租佃给农民耕种，收取的佃租以月供的形式供给学生，可以说是解决了学校的燃眉之急。同时从碑文中可见，每月给米的范围，不仅仅是书院的"正课"，"附课"生童也有着月供的名额。"附课"类似于学校额外招收的学生，其待遇不如"正课"。而朱椿此次捐廉为书院学生提供生活资助，不仅面向"正课"，"附课"学生也纳入选取范围。这一措施能够更好地鼓励学生上进，也充分显示出了朱椿敦促学生进

《秀峰宣成两书院碑记》（广西壮族自治区博物馆藏品）

步、不拘一格推崇文教的作风，是十分可贵的。

在科举考试完全由官府主导的中国古代，桂林的"四大书院"能够获得令人瞩目的成就，与官府的扶持和资助是分不开的。虽然这种资助多是出于皇帝或者地方官的个人意愿，但这种意愿所起到的引导和表率作用远远大于捐献本身对学校的帮助。以秀峰、宣成书院为代表的清代广西各教育机构，由于得到来到广西任职的官员的帮助而逐渐发展起来，扩大了儒学教育在边疆地区的影响力、认同感，并培养出为国家做出贡献的人才，又反过来促使更多边疆地区的学子潜心向学、服膺文教。这一循环正是中原汉文化以儒学为载体，向边疆地区不断传播影响，促进民族和地域间交往交融的路径之一。

"两粤宗师"的恬淡心性
——清郑小谷撰《新建德胜书院记》

书院的碑文由书院山长亲自撰写,这在广西众多书院碑记中,也是十分少见的。而作为《新建德胜书院记》撰写者的郑小谷,虽然在碑文中列出了他担任的官职,是"赐进士出身诰授奉直大夫刑部云南司兼江苏司主事",但其实他在任不过一年零两个月,就辞职不干了。这在清朝进士出身的文人之中,确是一个引人瞩目的异类:他是一位真正读书的学者。

象州郑氏家族在康熙年间就出过进士,那是郑小谷的祖父郑名佐。他虽考中进士,却不愿外出做官,而是一直在家乡从事教育,终身与学生为伴。这种家族传统无疑影响了郑小谷的人生选择。

郑家是诗书之家,郑小谷的父亲郑树西,很早就考上了秀才,终身以当塾师为业。他是一个科场失意的读书人,没能在考场上光宗耀祖,直到老年才被选拔为贡生。但他在自己的教书生涯中,摸索了一套行之有效的教学方法,为培养郑小谷准备了条件。

郑小谷自幼聪颖,喜爱读书。他五岁发蒙读书,对书本有一种天生的亲近，"犹鱼之于水，须臾不能离"。他读书肯下功夫，日以继夜，困倦时打个盹，醒来后继续诵读。他十岁读完五经，十三岁读完九经，除塾师规定的书目外，诗词歌赋也多有涉猎，不但会写文章，还能作对赋诗，成了一个年轻有能的才子。所谓青出于蓝而胜于蓝，郑小谷不负众望，他在父亲的正确引导下，学业精进，出类拔萃。

嘉庆二十年（1815），年仅十四岁的郑小谷考中秀才，并进入州儒学深造。道光五年（1825），郑小谷完成学业，以优异的成绩列为拔贡第一名，同年，他到桂林参加全省乡试，成功考取举人，年纪轻轻就具备了入仕为官的资格，这是很多读书人皓首穷经都可望不可即的，而他似乎如探囊取物般轻易就实现了。

但好事从来多磨难，世间没有一帆风顺的道路。考中举人之后的十年，他四次进京参加会试。前三次都是名落孙山，他受到的煎熬也是深入骨髓的。第一次会试下第，他在京城客店写下的诗活现了当时的心情："龙飞妄想当烧尾，鲤化谁知尚暴鳃。三月开田惭望杏，十年簪笔笑忙槐。行囊空压售驴卷，去路愀经市骏台。垂首出都回首望，五云深处隐蓬莱。"

直到第三次会试仍然落空，郑小谷回到家中，一个月无颜出门。但他坚信，自己一定能够蟾宫折桂。他在家里写下这样的诗句："鹿鸣无份返归舟，劳碌江湖冷淡游。魁解让人知此日，诗书困我到何秋。名难成已羞难掩，文不惊人志不休。料想嫦娥终有约，三更灯火再添油。"

道光十五年（1835），郑小谷第四次赴京参加会试。这一次他终于如愿以偿,考中了进士,名列会试皇榜第二十名。参加了释褐之典,经过吏部呈皇帝御准,他被选为京官,到刑部当了主事。

有道是高处不胜寒。郑小谷所读的圣贤之书,和他从事的杀伐决断的刑案之业,冲突太甚。作为最高主事部门的刑部很难秉公执法,重案不敢据实奏报,又不能冒犯直言。官场中分成帮派,互相倾轧,险象环生。此时他想起祖上考取了进士却不做官,真是英明的决策。俗话说慈不掌兵,情不立事,义不理财,善不为官。看来自己家庭的血液中就没有那种钢铁心肠、狠辣手段,面对血淋淋的现实不能无动于衷,熟视无睹。做官不能为百姓办事,还要饱受煎熬,不如辞官不做。

恰在此时,他收到家书,说父亲病重。他告假回乡侍候父亲,父母接连离世,他在家丁忧。守丧三年期满之后,他未到京城投帖起复,从此不再进入官场。

这颗读书的种子此时才真正旺盛生长,成为八桂大地文化园地上一棵参天大树。

后世总结郑小谷一生有三大贡献。一是教书育人。他在广西德胜书院,庆江书院,桂林榕湖书院、秀峰书院、孝廉书院,象州象台书院,柳州柳江书院,广东顺德凤山书院及广州粤华书院等11个书院任主讲,门生遍岭南,不少学生后来考中了进士,他也因此被誉为"两粤宗师"。二是著书立说,流芳后世。著有《四书翼注论文》12卷、《愚一录》12卷、《补学轩文集》6卷、《续刻补学轩文集》6卷、《补学轩文集外编》4卷。其中《愚一录》12卷被《清史稿》列入《艺文·经部》目录。三是诗歌创作。他留下诗集《鸦吟集》《鹤唳集》《鸡尾集》《鸥闲集》《幽女集》等24卷,流传至今的诗歌有近三千首。

《新建德胜书院记》更像一篇抒情散文,有诗歌的韵味,有《醉翁亭记》的文风。那种对山水的热爱,对自然的亲近,扑面而来。郑小谷对书院的要求,不像多数封建官员对学员以上视下的教导,而是喜欢"今书院颇似古之家塾,其地不必城邑而里巷,其长不必官司而乡人,其士不必选举而考课"的风气。他更欣赏"风乎舞雩"似的教学方式,以启发和养性的办法,培养出韩愈、范仲淹那样的大才,才有可能在学生中出现"创非常而起者"。

郑小谷既在粤华书院、孝廉书院这样条件很好、居于中心城市的书院讲过学,也乐意在德胜书院这样偏僻、条件相对较差的地方当山长,这充分说明他是一个以教学为乐、不计得失、言行一致、心地透明的文人,这是一个学问家兼诗人最可贵的"自由独立"之品性。他的道德与文章,可耀古今,可参天地。

读书心法的传承
——清王涤心撰《秀林书院学约》

王涤心，字子洁，道光十二年（1832）壬辰科举人，二十四年（1844），以举人大挑一等任直隶唐山、平山知县，晋州知州，又升为陕西候补道。由于政绩突出，陕西政界竭力保荐挽留他。后来他又调任广西横州直隶州知州。从政期间，他注重兴办教育，政务空闲时，则亲自到学宫讲课授业，希望能将理学中的孝悌忠信品德发扬光大。他重视农业，注重教化，表彰节妇义男，禁止民间斗殴。居官"有利必兴，有弊必除"，政绩卓越。晚年告老还乡，主讲于菊潭书院，继续传播理学之精髓。他的教育理念，在培养青少年的气节情操、社会责任感、历史使命感等方面，发挥了巨大作用。

王涤心为横州秀林书院撰写学约在清同治十年（1871）。学约分四个部分，共十二条，分别从正心复性、读书穷理、知行同体、天人道一诸方面进行了阐述，包含着十分丰富的内容。此约中虽然也有一些纲常等级之类封建糟粕，但总体来说，仍不失其优秀传统教育文化的精神，其中关于教育容错的内容，主张辩证地看待错误，至今也很有积极的借鉴意义。

在现实世界，人们在面对学生或他人时，常常因为一时一事的错误，而否定一件事一个人，这其实是屡见不鲜的。《秀林书院学约》中，王涤心不论是从宏观还是从微观角度出发，所提出的关于教育的具体措施，都是极有见地的。其中，关于包容学生错误的论述，主要从学生、教师两个方面，分别对错误提出有针对性的化解手段。

从学生方面说，面对错误，最大的问题是认识上的偏差，即一旦犯错，就破罐子破摔，不思悔改，自甘堕落。其实绝大多数人是有是非观念的，包括学生也是如此，他们的人生观、世界观还处于形成阶段，很不成熟，再加上外部原因，犯错误是在所难免的。在学生还没经历足够的人生时，他们因一个偶然的小错误，被不公正地对待，甚至被下了"不可救药"的结论，这就使他们在惯性思维之下，故意犯错误，以至从量变到质变，成了真正的坏人，以至于走入歧途，无法回头，那就真正会铸成"一失足成千古恨"。

王涤心在治学方面，注重实践。他自己热爱读书，同时也教育青少年多读书，读好书，交朋友，交好友，"非身心性命之书不读，非公正直谅之士不交"。从《学约》中也可以看出，王涤心是一个深谙教育，有非常丰富的教育实践经验的人，那些正确观点，是他本人学习加上亲身经历总结而成的。他本人很有学问，但在科场上并不得意，考中举人后参加了多次会试，还是没能考中进士。在他生活的咸丰、同治年间，每科赴京参加会试的人，多时达五六千，少时也有三四千人，但能考中进士的人，所占的比例非常小。好在从雍正年间开始，朝廷逐渐推行了一系列用人制度上的改革，举人大挑就是其中一项。雍正皇帝采取不拘一格选拔人才的新思路，在那些落榜进士的举人中，通过文章、通过举荐、通过他亲自面试考核的方式，选出一些人才，给予官职，放到基层去使用。实践证明这些有效的办法，确实能够发现人才，有些不是进士出身的官员，也能做出一番事业。

后来的事实证明，王涤心不论是在各地做官，还是退休之后著书立说，教育生徒，传经授道，都是一个合格的读书人。他的家乡内乡县，至今还立着两块圣旨碑，一通碑是道光二十三年（1843）皇帝诰封王检心的祖父为奉直大夫，祖母为宜人；另一通碑是道光二十六年（1846）皇帝敕封王涤心的父亲为文林郎，母亲为孺人。王检心和王涤心是同胞兄弟，他们为官清正，体察民情，政绩卓著，使得皇帝推恩于父辈祖辈，把官爵赠予他们的祖父母、父母。这种"光宗耀祖"的表彰，是除了实际授官之外，另一种有力的激励方式。

● 《秀林书院学约》

清末传统儒学在风雨飘摇中存续
——清马孚式撰《重修永安州儒学副署碑记》

咸同之际，被两次鸦片战争的枪炮轰开了国门的清王朝，已经走在了沦为半殖民地的不归路上。列强的魔爪逐渐伸向国内，战争赔款加重了国家负担，封建统治阶级为了维持上层社会的奢侈生活，加大了对百姓的压榨，国内阶级矛盾日趋激烈，人民的生活更加贫困。

蒙山县是在宋太平兴国元年（976）由原正义县改名而来。元明之际，因战乱户损过半，改县为乡，属荔浦县。到明成化十三年（1477），经过近百年的休养生息，生齿日繁，在此地置永安州，初属桂林府，后改属平乐府。清朝仍为永安州，隶属平乐府。

从碑文可知，原州儒学副署因太平天国起义战事，毁于兵燹。1840年鸦片战争之后，清政府的卖国行为、八旗军队的外强中干，激起国人的强烈愤慨，清王朝的统治基础已经动摇，各地民变不断。而第二次鸦片战争，皇帝出逃、京城被毁，再次对外割地赔款，使中国人民对清朝统治者的不满在各地如火山般爆发。此外，当时的捻军、太平军等在中国北方、南方、西北燃起战火，使清王朝处于朝不保夕、风雨飘摇的境地。

但历史的发展总是回环曲折的。农民起义并没从根本上改变封建统治，专制统治在外力作用下不是放松，而是更加残酷。这也加大了统治阶级内部的矛盾，同治到光绪，皇帝都成了傀儡，大权操在幕帘之后。战争使国家残破，经济凋敝，列强的压榨更使国家日益穷困。各级财政捉襟见肘，于此碑文中可见一斑。

作为一个官办学校的州学副署，新建两幢房屋，加上两侧的披厦，花费数百串，这些钱由当地士绅捐助，再加上儒学训导自己捐俸，工程才得以完成。这次工程时在同治癸酉年（1873），战火刚熄，生产尚未恢复，州县无钱，尚可理解。但到立碑者再次改建重修时，花费铜钱一百三十六缗，仍然是时任儒学训导马孚式自掏腰包。这已经到了光绪九年（1883），已是战事停息十多年后。官学建设中一个并不算太大的工程，仍然要主事者自己出钱，这不能不说是一个财政曾经富足的国家，官方机构已经十分拮据的现状。这和乾隆时期国库较为充盈相比，真有了天壤之别。

此碑所录之事，还有几个内容，更值得深思。其一，当时读书人的迷信。按说，鸦片战争之后，西学东渐，科学民主的传播已经在中国引起思想认识的变化。但光绪年间，立碑者乃是考取了举人的知识分子，他思想上的迷信还是根深蒂固。上任儒学在任上去世，恰在儒学副署工程告竣之后，后任者就把其去世的原因归结为擅自动工，坏了风水，因此引起这天大的灾祸来。后继者上任伊始，对此胆战心惊，因此下决心要动此工程，以正风水。

而他周围的人，大家众口一词，都说房子风水不好。此说正好暗合马训导的心事，促使了他决心即使争取不到上级的拨款，筹不到士绅的善款，就算自己捐俸，省吃俭用，也要把这个工程做完。于是查书问卜，算时掐吉，在原副署的基础之上，"将巽门改坤门，将西厅改仪门，西房作门房，西厨作福德，同附祀仓神牌位……高筑垣墉，多开门径，以壮其观，以泄其气"，进行了一番改头换面的改造。新的工程完成之后，儒学副署的面貌大为改观，"较昔局势迥然不同"。毕竟环境改善，条件一新，对来此食宿的学生来说，当然是一件上好功德。但儒学的生员，是否以此为起点，努力学习，精研上进，甚至科场题名，前程远大，也不是立马见效的。十年树木，百年树人，没有多年的努力，教育的成果不易显现。立碑者所说的"卜云其吉"是真的，但后来是否"终焉允臧"，那就是另一回事了。

其二，当时科举士人面临的出路困境。到清朝晚期，普通读书人就算是考上了举人进士，因国家机构的固化，用人制度的僵化，皇权一家独大，还有以币捐官等制度对官职的霸占，十年寒窗苦读之人，也可能获得了做官资格而无官可做。比如此碑记载的恩贡吴缵周，他是一个恩科贡生，也可能到太学去坐监肄业了，有了任职教谕的资格，但现在无职可任，他只好在等待中去做其他事情。马如玉说他"精风鉴"，看来他是去研究风水学，以早年熟读的《易经》为基础，去深钻《梅花易数》《春秋占筮书》和《地理辨惑》之类的卜宅之学去了。装了一脑袋风水星相、地势龙脉知识的人如果选上了教谕，他的学生能够学到多少新知识？

而此文的撰写书丹者马孚式，是丙子科的登榜举人，他是取得了正式任职知县资格的，但僧多粥少，职位稀缺，他也进入候选等待的行列，好在他还能在低一级的训导职位上谋到一个实职。碑上记载他还具有同知衔，也可能之前还任过同知一类的官员，后因诸如丁忧之类的原因，离开了原位。本来职位就有限，如果按正常的教育选举制度，就应该更加严把入口关，确保受教育的人素质高，有出路，学以致用。但教育和需要之间常常脱节，读书人花费了大量的人力物力，辛苦努力读书，拿到了资格文凭，却英才无用武之地，这是晚清教育更大的悲哀。

直到光绪末年的1905年，朝廷下诏废除科举，新式学堂才在全国各地开始萌芽。以教育改革为先导，西方科技文化的引进，使中国的封建制度加速瓦解。在彻底推翻旧制度的统治之后，中国才走上民主科学的道路，迎来古老文明的新生。

战火边陲亦有文风
——清徐延旭撰《新建届远书院记》

《新建届远书院记》的撰文者为晚清时期的广西巡抚徐延旭，他在文后落款处为自己罗列的头衔长达六十四字，这种头衔大多数都是虚衔，不过也能体现出他获得的朝廷优容，反映出当时的他正经历一生中的高光时刻。不久后，他就因战事失利，被革职下狱，判斩监候，后改充军新疆，未离京即病死。平步青云的风光，转瞬即逝。

徐延旭是通过科举获得任官资格的，这在清朝属于进入仕途的"正途"。徐延旭出生于山东临清一个官宦世家，他父亲是举人，做过知县和知府，颇有政声。他道光二十三年（1843）考中举人，后选授福山训导，但其志向不仅仅在当一个官学教师，因此没有赴任。仕宦之家不愁生计，自然有所精神追求，他在家开园林花圃，自署"菜根轩"，摆出一副扎根田园的姿态。其实他是在家乡苦读，经过十七年的不懈努力，于咸丰十年（1860）高中进士，使他家的科举成绩又上一个台阶。

同治二年（1863），作为进士，在吏部抽签时，抽到去广西当知县。恰在此时，山东发生宋景诗起义，巡抚谭廷襄留其在家乡举办团练，镇压叛乱。按文官的晋升速度，十年八年也难得晋升一级，他却因平叛有功，两年就赏加知州衔。同治四年（1865），他以知州衔出知广西容县，又值匪患，立功受奖，旋即候补同知，后以知府任用。到1867年，离他考中进士才7年，就成了正四品知府加道台衔，还凭功赏戴花翎，可谓官场得意，一路顺风。乱世重军功，此后文进士出身的徐延旭，多次剿匪平乱，到同治九年（1870），因军功卓著，赏加"巴图鲁"名号，正式有了军功称号。后升任广西梧州知府，成了能文能武的一方大员。

徐延旭所题写的碑在广西凭祥，位于中越边界。他在同治六年（1867）就曾率兵出关清贡道，为越南入贡保驾护航。后协助冯子材剿灭边境乱兵，对越南境内情况比较熟悉。光绪元年（1875），他受命带兵入越南，为藩属国剿灭了割据作乱的黄崇英，献俘于京城，名声大噪，由此深受朝廷信任。徐延旭后来还多次出使越南，他以所见所闻，综采史乘，撰成《越南辑略》一书，对越南的历史、地理、古迹、人物、出产及中越关系记述详尽，是后世研究越南历史的重要资料。不得不说，论文论武，徐延旭都算是当时清政府内难得的有用之才。

从碑记中可知，徐延旭在同治、光绪年间，多次从凭祥经过，对此地印象较深。凭祥作为南部边陲，最初给他的印象是烟瘴之区，是化外之地。他后来成了广西一省的巡抚，办学尚儒也是他的职责所系。因此当地官员向他请示要建书院办学校，他不但一口答应，还主动捐钱，支持书院的建设。书院建成后，他为书院取名题额，还写了这篇碑记。

　　凭祥在明清时期都属于土县土州，实行土人自治，直到清宣统二年（1910），才实行改土归流。由此看来，徐延旭听到当地人要学内地建书院，也是十分振奋的。如果是当地土司有这个想法，应该是学内地衙门新建正式的儒学。估计来向徐请示的人士，是一些当地的富户，或是一些落籍当地的汉族人，经过多年经营，有了富余的钱财，要为后人谋出路，才想起来办书院。甚至有可能是一些内地读书人流落到此，有了传播文化的想法，得到当地人的认同，才有了办书院的举动。从碑文的记录中可以看到，不到一年时间，书院就建成了，山长束脩以及学生膏火都有了着落，大家的办学热情十分可贵，徐延旭的资助和关心都有了结果，碑文载："余得重来兹土，乐观厥成，其欣慰为何如耶？"这也确是有感而发的忠实记录。

　　如果没有后来的变故，也许徐延旭还有可能到届远书院来视察，甚至到这里来为学生讲学、考察功课。不过从社会的急骤变化来看，"青山遮不住，毕竟东流去"，新的时代，又会有新的文化教育传播开来。凭祥这个边疆口岸城市，百年之后成了国际交往的前沿，可能也是徐延旭辈没有想象过的。就事论事，徐对教育的重视，无论最终结果如何，不能不说是办了一件可传之后世的好事，总体而言是值得肯定的。

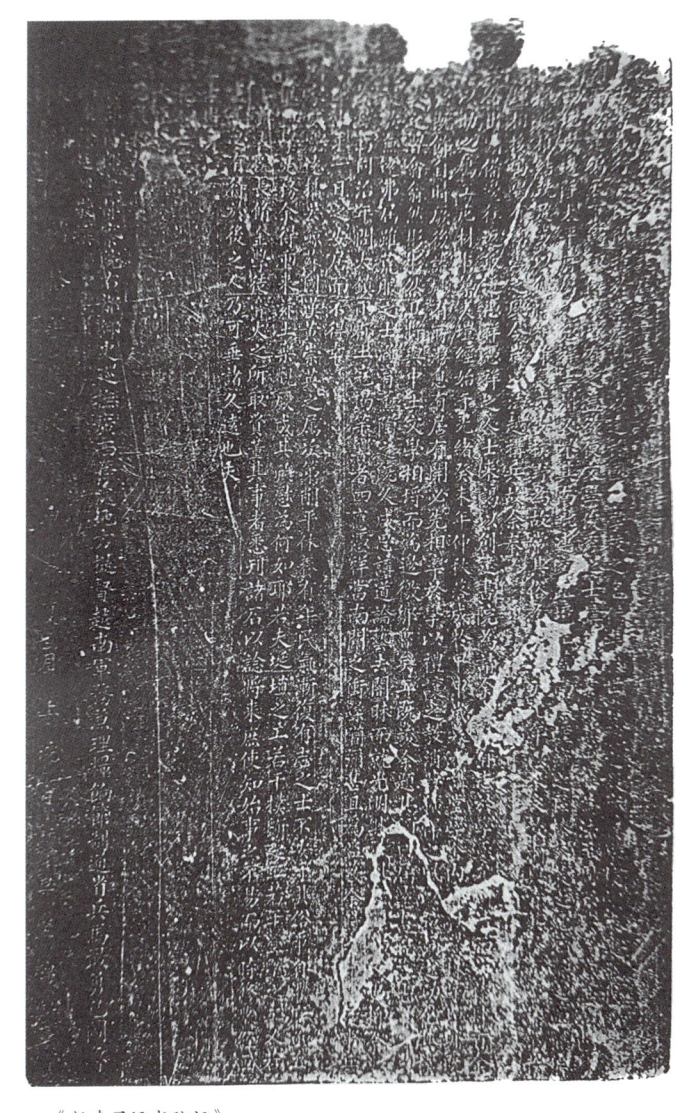

● 《新建届远书院记》

经济凋敝下广西文教建设的逐渐停滞
——清《太平府建思齐书院谕碑》

将《太平府建思齐书院谕碑》与另一块碑文《思州新建思齐书院记》一对照,可以发现一个有趣的故事。原来在光绪十六年(1890),广西巡抚马丕瑶奉命阅兵,检查兵备,到了太平府地界,有当地的官绅主动到巡抚行辕请示,要新建一个书院,以振兴本地教育,请求巡抚为书院命名题字,并撰文以纪之。

马丕瑶(1831—1895),字玉山,安阳县人,清同治元年(1862)进士。历任山西平陆县、永济县知县,解州(今山西运城)、辽州(今山西左权县)知州,太原府知府,署理山西按察使和山西布政使。光绪十三年(1887)任贵州按察使,接着又任河南布政使。光绪十五年(1889)八月,任广西巡抚。设立官书局,倡办蚕桑,开设机坊,建设育婴堂、栖流所、医药局。次年十一月,朝廷赐他头品顶戴。光绪十八年(1892),马丕瑶继母杨氏病故,离任守制。二十年(1894)十月授广东巡抚。时值中日甲午战争之际,他积极修复海防设施,选拔任用有才能的得力将领,兴办团练,加强武器装备。后因忧愤国事卒于任上。

马丕瑶在做县官时就以勤政爱民著称，被百姓称为"马青天"。他还重视教育，创建官书局，以惠及读书人。即使带兵期间，他对太平府官绅修建书院也给予高度重视，为他们题写了书院的名称，还撰文作记给予表彰勉励。有了巡抚的首肯，官绅的支持，按理说太平府思齐书院应该是很快就能建起来了。可事实是，提出修建书院的一干人得到了巡抚的墨宝之后，就没了动静。

从两块碑文上点出的名字来看，思州官员及读书人对修建书院还是有共识的，此事也是有群众基础的，否则不会有那么多人愿意出面倡议这个事，并一同找到巡抚大人当面汇报。问题是话虽然说出了口，但空话不能变成现实，必须要有钱有人，才能把好事办成。人多力量大，如果拧成一股绳，是可以办大事的。但有时候，人多嘴杂，七个人八条心，反而难成事。不论是巡抚点出的人，还是太平府正堂点出的人，其中有在任官员、致仕官员，有武举人，有监生、贡生、廪生、普通生员，还有武生。这一大堆人中，难道没有一个可襄此举的人吗？

不能成事，从倡议者方面分析，可能有多个原因：一是财源匮乏。太平府思州地方，地处西南偏远之地，经济本不发达，而清朝末年，这一带因中法战争持续多年，难免承受赋税徭役，出兵出钱出人，消耗严重，百姓生计艰难。而整个国家也因沦为半殖民地半封建社会，经济命脉掌握在洋人手里，年年还要割地赔款，受列强压榨，国贫民穷，各级官府财政困难，大家都拿不出钱来。二是无法筹集钱。想修书院的人虽多，但都不愿出钱，或者出钱的方案大家有意见，摊派不下去，也没有一个人愿毁家纾难,带头多出,于是裹足不前。三是知难而退。理想很丰满,现实很骨感。一帮读书人说起修书院群情激动,一旦要落实,找匠人来一筹算,购地、买材料、请人工,每一处都要钱,粗略一算,修一个书院需要的钱可是一笔巨大的数目。没有官府的经费,大家自己捐点钱,不过是杯水车薪,无济于事。于是只好偃旗息鼓,拿到巡抚的文章与题名墨宝,叹息几声而已。

但这个事不能如此就没了下文。太平府正堂李道台,时不时要面对巡抚,这件当着巡抚面敲定的事却没了下文,怎么向上级交代呢?领导的职责是督促,因此在了解情况之后,他专出一道官函,并派人传谕催建,提出了非常具体的要求,还把这件事刻在石碑上,表明他办事认真负责的态度。这道府官所出的谕示,用语有些咄咄逼人,甚至是一副盛气凌人的态度,可见道台心中的怒气。从行文中可以看出,他们的举动,不但是欺蒙上官,也让道台脸上无光。

书院并非官学,思州应该是有儒学的。办书院并不是官府的法定责任,但如果有钱的话,他们是乐得做那样一件好事的。估计思州当时财政困难,拿不出额外的钱来做这件事。但那么多当地文人强烈要求新建一个书院,明显是对现有的官学不满意,是因为教育质量还是学校规模,具体原因难以推测。在不愿建书院这一点上,道台大人和州上的官员可能是一致的,并不支持这件事。当地官绅要求反映也不止一次,但得到的是否定的答复。但他们并不死心,趁巡抚大人前来阅兵的时候,看准时机直接到巡抚行辕去越级汇报,他们也是摸准了巡抚的心思,因此得到赞赏

● 《思州新建思齐书院记》

支持。但这个事其实是犯了官场的禁忌，在李道台看来，这是他们借上司的官位来给自己施加压力，他在当时的场面上虽然陪着笑脸表态支持，其实心中是很不爽快的。如果后来这些人积极地出钱出力，把书院建起来了，也许道台还可以不计前嫌，来表示祝贺，也可在上官面前讨个彩。但这件事没办成，等于是再一次扫了府官的脸面，他怎么能不愤怒？事情到了这一步，州府不可能掏出钱来支持建起书院，那等于是为他人作嫁衣。于是最后只能撕破脸皮，拿出官府的威风来，按欺瞒上司督责问罪，并将此事大张旗鼓地公开。

将谕示公之于众，刻石勒碑，既是洗脱自己的责任，也是问责于众的姿态，然而这种行为也在一定程度上暴露了当时官民之间的矛盾和地方教育发展所遇到的困境。经济问题是一切问题的根源，没有经济的发展，各项社会事业自然无从谈起。生存环境的恶化，首先来自经济的拮据，生存的艰难。所谓仓廪实才能知礼节，国家如此，个人也如此。从这通碑文可以看到当时偏远地方官民之间的对立，这也是清朝末年整个社会矛盾的一个缩影。

宣教亭：清代面向民众的道德教化场所
——清《宣教亭记》

据《宣教亭记》碑文记载，此宣教亭修建于清光绪十八年（1892）。这一年，离清王朝在辛亥革命浪潮中轰然倒塌只剩不到二十年。光复前夕，在四川等地，为抵制邮传部铁路收归国有的政策，百姓曾祭出光绪皇帝牌位，这自然阻挡不了列强瓜分中国的脚步。人民对清政府的最后一点幻想破灭，清政府的执政之基崩溃，这一切都显示出这个王朝气数已尽。

其实在清朝入主中原之初，统治者就祭出明太祖《教民榜文》，清朝的宣教工作从此时就开始了。在一代一代官员和士绅的教化之下，多数百姓被改造成合格的顺民，时间长达两百多年。不得不说，清朝统治者用汉人听得懂的儒家思想教化人民，其对稳固统治的效果是刀剑所不可比拟的。

明太祖的圣谕六言为："孝顺父母，尊敬长上，和睦乡里，教训子孙，各安生理，毋作非为。"这些内容，被顺治皇帝作为新朝新政，在顺治九年（1652）时直接引用颁行。过了18年，至康熙九年（1670），皇帝亲自将以上六条加以改造扩充，发展成内容更加丰富的"圣谕十六条"。

从思想到教育,从行政到司法,这十六条都有所涉及,康熙把明太祖的几条简明的训诫,变成了律法条文,作为对广大民众思想行为的教育规范。

而到了雍正时期,这十六条不但被演绎成《圣谕广训》这样一部洋洋万言的大书颁行全国,朝廷还逐步制定了宣讲实施及考核办法。雍正二年(1724),《圣谕广训》颁行全国后,"直省督抚、学臣转行该地方文武各官暨教职衙门,晓谕军民生童人等通行讲读"。不过当时也未形成行之有效的宣讲制度。雍正七年(1729)七月,准大学士马尔赛等奏:"直省各州县、大乡大村人居稠密之处,俱设立讲约之所,于举贡生员内拣选老成者一人,以为约正;再选朴实谨守者三四人,以为直月。每月朔望,齐集乡之耆老、里长及读书之人,宣读《圣谕广训》,详示开导,务使乡曲愚民共知鼓舞向善。至约正、直月果能化导督率,行至三年,著有成效,督抚会同学臣择其学行最优者具题送部引见,其诚实无过者量加旌异以示鼓励,其不能董率、怠惰废弛者即加黜罚。如地方官不实力奉行者,该督抚据实参处。"宣讲考核制度,从此时才正式确立下来。

碑文上没有记载本地是从哪一年开始有了专门讲圣谕的场所。按一般的规矩,这个讲圣谕的场所是临时性的,找一个人群便于聚集的地方,如衙门之外,大街之上,庙宇戏台之类就能开讲。可能时间一长,参与讲授的官员、儒生等,觉得这临时场所不够庄重正式，或遇上天气不好，刮风下雨影响效果，才萌生了建一个专门场所的想法。但限于本地可能来聆听的人数和经济条件，决定修建一个亭子，并且由参与其事的多位儒学的秀才，和一些官员自己捐钱来做这件事。

讲圣谕本来是一件十分严肃的事，但时间一久，到清朝后期，它在各地就演化成一种群众性的文化娱乐活动。这也是一种必然。如果每一次只是照本宣科读《圣谕广训》的原文，对于多数文化水平不高，甚至是目不识丁的文盲而言，味同嚼蜡，效果就会大打折扣。从宣读原文，到对条文用本地方言解释，再到通过说书、表演地方说唱，以说故事或其他表演方式来形象地演示教化内容，不能不说是宣传工作的一个进步。

在郭沫若《我的童年》一书中，有这样一段：

我们乡下每每有讲《圣谕》的先生来讲些忠孝节义的善书。这些善书大抵都是我们民间的传说。叙述的体裁是由说白和唱口合成，很象弹词，但又不十分象弹词……

在街口由三张方桌品字形搭一座高台，台上点着香烛，供着一道"圣谕"的牌位。在下边的右手上一张桌上放着一张靠椅，如果是两人合演的时候，便左右各放一张。

讲《圣谕》的先生到了宣讲的时候了，朝衣朝冠的向着"圣谕"牌磕四个响头，再立着拖长声音念出十条《圣谕》，然后再登上座位说起书来。说法是照本宣科，十分单纯的，凡是唱口的地方总要拖长声音唱，特别是悲哀的时候要带着哭声。有的参加些金钟和鱼筒、简板之类，以助腔调。

这种很单纯的说书在乡下人是很喜欢听的一种娱乐。他们立在圣谕台前要听三两个钟头。讲得好的可以把人的眼泪讲得出来。乡下人的眼泪本来是容易出来的，只要你在悲哀的地方把声音拖得长些，多加得几个悲哀的嗝顿。

在我没发蒙以前，我已经能够听得懂这种讲《圣谕》先生的善书了。

孩子能懂，文盲愿听，讲《圣谕》已经成了老少咸宜的文化娱乐活动了。

让《圣谕广训》真正落到实处的，还包括各级儒学的讲授，以及将之作为考试内容，甚至纳入升学必考内容这样的强制措施。

《清史稿》有这样的记载："儒童入学考试，初用四书文、孝经论各一，孝经题少，又以性理、太极图说、通书、西铭、正蒙命题。嗣定正试四书文二，覆试四书文、小学论各一。雍正初，科试加经文。冬月晷短，书一、经一。寻定科试四书、经文外，增策论题，仍用孝经。乾隆初，覆试兼用小学论。中叶以后，试书艺、经艺各一。增五言六韵诗。圣祖先后颁圣谕广训及训饬士子文於直省儒学。雍正间，学士张照奏令儒童县、府覆试，背录圣谕广训一条，著为令。"

雍正年间背不出圣谕，连秀才也考不上，这才是能让圣谕深入人心最厉害的办法，但这也只是对读书人而言。对于广大的不入儒门的群众，以娱乐的方式寓教于乐，才是他们能够接受的好办法。宣传教育工作需要看清对象，因人而异，这是现在的宣传工作也可以借鉴的。

战争间隙边将对文教民生的关注
——清《记建同风书院》

此碑记涉及两个清末人物，一个是苏元春，一个是蔡希邠。苏元春（1844—1908），清朝道光二十四年（1844）出生，字子熙，广西永安人。他的父亲苏德保，在太平天国起义期间，在家乡办团练自保，被任命为永安州团总，后在与太平军作战中被杀。为了报父仇，同治二年（1863），年仅19岁的苏元春及其兄苏元璋投奔清军将领席宝田部，其时骆秉章任湖南巡抚，苏元春这个广西人由此成了湘军中的一员。席宝田部转战江西、安徽、广东期间，多次与太平军及天地会作战。苏元春因作战勇敢，屡立战功，经过几年的战争锻炼，他从一个普通士兵擢升为管带，到同治五年（1866）已经升为参将。同治六年（1867），苏元春被调到贵州带兵镇压苗民起义，破荆竹园，败苗兵，围剿苗民领袖张秀眉，最终将其捉拿并解送至长沙。他被清廷赐号"健勇巴图鲁"，先后提升为副将、总兵，同治十年（1871）获记名提督衔。

提督是清朝地方武官的最高军衔，全称是"提督军务总兵官"，级别为从一品，其职责是负责统辖一省或数省陆路或水路官兵，为各地绿营最高主管官，算是清朝的封疆大吏。这些职位在清初基本是八旗的专职，只是到了晚清时期八旗军难堪大用，汉人高级军官才多起来。晚清时期，天下大乱，为平定民变，朝廷穷兵黩武，致使国库空虚；而官军四处征战，立了军功的人又太多，官府拿不出银子来发放赏赐，更无足够的官位来安置他们，因此只好授予这些人记名提督和记名总兵之类的官职，用一个虚衔来安抚他们。

而苏元春当上正式提督，则是因中法战争的爆发。光绪十年（1884），清军在越南与法国人作战一败再败，朝廷震怒，广西巡抚徐延旭被革职，湖南巡抚潘鼎新接任。由于潘上折推荐，朝廷下诏任命苏元春为广西提督，统领桂军与法人作战。这一次异国征战，苏元春先是吃败仗，后与老将冯子材合作，才取得了镇南关大捷。他也因功晋封三等轻车都尉，还获得了"额尔德蒙额巴图鲁"称号，后获赏太子少保、二等轻车都尉等衔。

中法议和之后，苏元春镇守边境龙州十九年。时间一久，军队纪律松弛，手下的军人与匪盗混在一起为非作歹，被人诟病。他还与边境对面的法国人交接，为他们排忧解难。后来岑春煊做了两广总督，上奏"不斩元春无以严戎备"，苏元春被逮下狱，刑部以克扣兵饷、纵兵殃民之罪拟斩监候，朝廷将其死罪改为发配新疆充军。四年后，被朝廷平反之时，他已病死在迪化。

另一人则是蔡希邠（1832—1900），原名蔡有邠，字仲歧，号稼堂，又号孺真子，南昌新建人。蔡希邠幼承庭训，爱好兵法和舆地之学。好为诗文，胆识过人。同治五年（1866）投笔从戎到皖营，后因征战有功，升做霍邱知县。光绪五年（1879）又升广西太平府龙州同知。三年解任，适值法越战起，岑毓英率军出镇南关（今友谊关）时，见希邠有胆略，留为帮办大军营运总理，兼筹后路军事、收放粮饷、军械督运等事宜。

冯子材以蔡希邠在战场有功，上奏保荐他，接光绪帝谕旨："免升知府，以道员用，赏戴花翎。"又在光绪十三年（1887）擢蔡希邠署广西按察使。光绪十五年（1889）清朝设太平归顺兵备道统辖全边，蔡希邠为首任道员，综理边军粮饷军火，筑龙州城，与法使会勘广西西段边界，设立义仓。

蔡希邠对朝廷设此兵备道的意义是了然于胸的。中法战争是在中国军队取得了决定性的胜利时主动议和，那是朝廷对当时列强环伺、国势日弱的现状的无奈，也是晚清统治者忍辱苟安、对外屈膝求和，而着眼于对内强硬统治、四处镇压民变，却不肯改变其专制统治、不愿睁眼看世界的保守政策的充分体现。但龙州是国防要塞，形势险要，虽停战但不能无战备。

中法虽然停战讲和了，但龙州作为边境重地，苏元春带着重兵在此镇守多年，朝廷设太平兵备道，也是着眼于为此处驻扎的军队服务。当时苏元春的职衔是"边防督办"，他一边训练兵士，修筑炮台，设局造军械，持续备战，又一边修铁路，辟市场，与越南互市通商，关注民生。也就是在此时，蔡希邠倡建书院，两人一拍即合，带头捐钱，其他在营在任的同僚也乐意参与，筹得的银子几乎是当初计划的三倍，这就使得同风书院能够在大约一年的时间内建成了。

《记建同风书院》(广西壮族自治区博物馆藏品)

龙州原有"暨南书院",而新建的这一书院为何取"同风书院"之名,碑中文字说得十分明白。但恰恰是在这煌煌之言中,看得出清王朝的那种仍以天朝上国自居的心态,在朝廷内部从上到下都还未改变。从第一次鸦片战争以来,败仗无数,割地无数,屈辱条约无数,但顶着长辫子的脑袋里,仍然装着过去的荣耀,还希望以自己的"一道同风",而使外人"不敢恣其诡异之心"。此番故事,真应了民间俗语"乍贫难改旧家风",历史的因袭的确不是朝夕之间可以改变的。

但两人倡建书院、兴学校之举,终究是德政之一。苏、蔡二人虽然后来成为上层政治斗争的牺牲品,一个冤死,一个革职,但也不能因人废事,他们为王朝边疆之地修建书院,播撒文化教育的种子,仍属有益之举,值得后人铭记。